VAGAMUNDO

Livros do autor publicados pela **L&PM** EDITORES:

Amares
Bocas do tempo
O caçador de histórias
De pernas pro ar: a escola do mundo ao avesso
Dias e noites de amor e de guerra
Espelhos – uma história quase universal
Fechado por motivo de futebol
Os filhos dos dias
Futebol ao sol e à sombra
O livro dos abraços
Mulheres
As palavras andantes
O teatro do bem e do mal
Trilogia "Memória do fogo" (Série Ouro)
Trilogia "Memória do fogo":
 Os nascimentos (vol. 1)
 As caras e as máscaras (vol. 2)
 O século do vento (vol. 3)
Ser como eles
Vagamundo
As veias abertas da América Latina

EDUARDO
GALEANO

VAGAMUNDO

Tradução de Eric Nepomuceno

L&PM
EDITORES

A L&PM Editores agradece à Siglo Veintiuno Editores pela cessão das capas, que conferiram uma identidade visual comum à obra de Eduardo Galeano, tanto na América como na Europa.

Texto de acordo com a nova ortografia.
Título original: *Vagamundo y otros relatos*

Primeira edição em espanhol: Editora Crisis, Buenos Aires, 1973
Primeira edição no Brasil: Paz e Terra, Rio de Janeiro, 1974
Primeira edição na Coleção **L&PM** POCKET: janeiro de 1999
Primeira edição no formato 14x21 cm: janeiro de 2024

Tradução: Eric Nepomuceno
Projeto gráfico da capa: Tholön Kunst
Revisão: Lia Cremonese

CIP-Brasil. Catalogação na publicação
Sindicato Nacional dos Editores de Livros, RJ.

G15v

Galeano, Eduardo, 1940-2015
Vagamundo / Eduardo Galeano; tradução Eric Nepomuceno. – 1. ed., reimpr. – Porto Alegre [RS]: L&PM, 2023.
160 p. ; 21 cm.

Tradução de: *Vagamundo y otros relatos*
ISBN 978-65-5666-422-4

1. Ficção uruguaia. I. Nepomuceno, Eric. II. Título.

23-87074 CDD: 868.99393
CDU: 82-3(899)

Meri Gleice Rodrigues de Souza - Bibliotecária - CRB-7/6439

Rua Comendador Coruja, 314, loja 9 – Floresta – 90.220-180
Porto Alegre – RS – Brasil / Fone: 51.3225.5777

Pedidos & Depto. Comercial: vendas@lpm.com.br
Fale conosco: info@lpm.com.br
www.lpm.com.br

Impresso no Brasil
Verão de 2024

a
Juan Carlos Onetti
Carlos Martínez Moreno
Mario Benedetti

Sumário

Bandeiras

Outros contos

GAROTOS

Segredo no cair da tarde

Ele chegou a galope, num alazão que eu não conhecia. Depois o alazão ergueu-se em duas patas e desapareceu, e meu irmão também desapareceu. Fazia tempo que eu o chamava e ele não vinha. Chamava e não o encontrava. E ontem fui para o monte e ele veio e me falou como antes, só que no ouvido.

Eu cuido, para ele, das coisas que ele deixou. Escondi as coisas para que ninguém mexa nelas. A atiradeira, a vara de pescar, o tambor, o revólver de madeira, os preguinhos de fazer anzol. Tenho tudo isso escondido e, quando ele vem, sempre me pergunta pelas suas coisas. Eu tenho medo da gente que passa e prefiro não sair. Volto da roça ou de carpir a horta e fico aqui trancado, no escuro, cuidando das coisas para ele. Quando acendem a lâmpada de querosene fecho os olhos, mas deixo eles um pouquinho abertos, e a lâmpada vira uma linha brilhante e toda peluda de luz. E às vezes converso com meu amigo que não sabe falar porque é o cachorro. Converso, para não dormir. Sempre que durmo, morro.

Já vão para cinco longos anos que em cima do Mingo veio aquele caminhão na estrada. Estava cuidando das duas vacas que nós tínhamos. Eu teria defendido meu irmão, se estivesse lá com minha espada amarela. E foi nesse dia que fiquei sem vontade de brincar, e para nunca mais. Fiquei sem vontade de nada. Porque eu e o Mingo sempre andávamos ao meio-dia como lagartos, e íamos pescar e caçar passarinhos. Mas, depois, não brinquei mais. Perdeu a graça.

Para mim, o que aconteceu com ele foi mau-olhado. Alguém chegou e pôs um mau-olhado nele, justo quando ele estava com a barriga vazia e depois veio o caminhão e o esmagou. Nos gringos, nunca pega o mau-olhado, me contaram. É que a gente daqui, de Pueblo Escondido, a gente grande, tem a vista muito forte demais. Aqui, toda a gente grande é má. Os grandes batem. Me batem quando digo que posso conversar com o Mingo sempre que quero, até hoje. Não deixam nem eu falar o nome dele.

Por isso, nunca falo dele. Aqui em Pueblo Escondido, eu não falo. Quando aconteceu aquilo, eu peguei e meti na cara a máscara que o Mingo tinha feito para mim no carnaval, que era um diabo com chifres de trapo e a barba de verdade, e meti a máscara na cara para que ninguém soubesse que era eu, e me atirei com a bicicleta do Ivan turco a toda velocidade contra a barranqueira, me atirei barranqueira abaixo, para me arrebentar lá embaixo contra o lixo. Mas deu tudo errado porque eu caí certo e não aconteceu nada. E aí me bateram. E eu fiquei a noite inteira tremendo e de manhã acordei todo mijado e me enfiaram num barril de água gelada. Me deixaram na água gelada, e eu não chorei nem pedi que me tirassem. E, na primeira vez que meu irmão apareceu, eu peguei e contei tudo para ele.

Eu contava tudo para ele. Contei que andávamos comendo laranjas verdes porque não havia outra coisa. E então mamãe vendeu as vacas e um dia me deu dinheiro para ir comprar açúcar para enchermos bem a barriga, porque quando se come pouco a barriga se fecha e fica pequenininha e então a gente tem que enchê-la para depois pôr comida. E eu meti o dinheiro no bolso de trás, que estava furado, e essa vez também me bateram.

Quando vou para o morro esperar o Mingo, tenho medo que as pessoas me descubram. E tenho medo dos urubus. Tenho medo também dos buracos, porque há muitas armadilhas no morro e o diabo tem sua casa no fundo da terra. É preciso tomar cuidado para não cair no fundo do mundo. E também tenho medo da tempestade. Começam a cair em cima as primeiras gotas gordas de chuva, e já saio em disparada. Tenho medo das tempestades porque são muito brancas.

Estando meu irmão, é diferente. Estando ele, não tenho medo de nada.

Ontem subi num braço de árvore e fiquei fumando e esperando. Eu estava certo que ele não ia falhar. E o Mingo apareceu a galope, bem no meio da imensa nuvem de pó, quando só restava um pouco de sol no céu. Ele me pediu para chegar mais perto, me fez sinais com o braço, e eu desci e embaixo de um espinheiro ele me contou um segredo. O ar do morro tinha cheiro de laranjas maduras. Não desceu do alazão. Abaixou o corpo, e só. E me disse que eu vou ter dinheiro e vou pegar e comprar um caminhão para mim e encher o caminhão de palha e barba de milho para ter o que fumar para sempre. E vou embora. E vou para o mar.

O Mingo me disse que passando o horizonte fica o mar e que eu nasci para ir embora. Para ir, para isso nasci. Pega o caminhão e vai embora, ele me disse. E aqueles que não gostem disso, você passa por cima com o caminhão. Quer dizer que eu vou embora. Para o mar. E levo todas as coisas do meu irmão. Monto no caminhão e antes do mar eu não paro. Do mar sim, eu não tenho medo. O mar estava me esperando e eu não sabia. Como será? Como será o mar? – perguntei ao meu irmão. Como será muita água junta? E o mar respira? E responde quando lhe perguntam? Tanta água no mar! E não escapa, essa água do mar?

O PEQUENO REI VIRA-LATA

Todas as tardes, lá estava ele. Longe dos outros, o garoto se sentava na sombra do arvoredo, com as costas contra o tronco de uma árvore e a cabeça inclinada. Os dedos de sua mão direita dançavam debaixo de seu queixo, dançavam sem parar como se ele estivesse coçando o peito com uma incontida alegria, e ao mesmo tempo sua mão esquerda, suspensa no ar, se abria e fechava em pulsações rápidas. Os outros tinham aceitado, sem perguntas, o hábito.

O cão se sentava, sobre as patas de trás, ao seu lado. E ali ficavam até a chegada da noite. O cão paralisava as orelhas e o garoto, com a testa franzida atrás da cortina de cabelos sem cor, dava liberdade aos seus dedos para que se movessem no ar. Os dedos estavam livres e vivos, vibrando na altura de seu peito, e das pontas dos dedos nasciam o rumor do vento entre os galhos dos eucaliptos e o repicar da chuva nos telhados, nasciam as vozes das lavadeiras no rio e o bater das asas dos passarinhos que voavam, ao meio-dia, com os bicos abertos pela sede. Às vezes, dos dedos brotava, de puro entusiasmo, um galope de cavalos; os cavalos vinham galopando pela terra, o ruído dos cascos sobre as colinas, e os dedos se enlouqueciam na celebração. O ar cheirava a miosótis e ervilha-de-cheiro.

Um dia, os outros deram-lhe de presente um violão. O garoto acariciou a madeira da caixa, lustrosa e boa de se tocar, e as seis cordas ao longo do diapasão. E ele pensou: que sorte. Pensou: agora, tenho dois.

O desejo e o mundo

São os últimos dias de agosto. Não muito longe daqui, sabe-se que o inverno começou a morrer. O frio está impregnado pelo cheiro de flores amarelas das acácias, e se anuncia para breve o estalar das glicínias, as flores azuis, as flores brancas; logo o ar terá o cheiro de glicínias, não muito longe daqui, e terá cheiro de maçã e diabruras. Os dias serão mais longos.

Se Gustavo pudesse, contaria que aqui os vidros das janelas das celas foram pintados de branco, para que os presos não vejam o céu. Contaria que isso é duro de se deixar de lado, mas é duro somente enquanto dura o dia. Durante a noite, não. A noite, aqui, de qualquer maneira, é possível imaginá-la, com o Cruzeiro do Sul ainda alto e as Três Marias sempre demorando para aparecer. Além disso, contaria Gustavo, é melhor não olhar a noite daqui, não vale a pena. Para quê? Para ver os refletores girando e girando das casamatas nas colinas? Não. Se Gustavo pudesse, mais que contar, perguntaria.

E de qualquer maneira pergunta. Pergunta outras coisas:

– Como vai indo na escola?

– Machucou a testa? Como foi?

– Você não trouxe agasalho?

– Cansou? São trinta quadras...

É difícil fazer-se ouvir no meio do vozerio de todos os outros presos que, ávidos como ele, amassam seus rostos contra os arames. Há duas telas de arame separando-o de Tavito. Como telas de arame de galinheiro.

– Eu não me canso nunca. Caminho e caminho e não me canso.

– Mas faz frio.

– Eu caminho e não sinto. Não é verdade, papai? Quando a gente caminha, o frio se assusta e vai para longe.

Gustavo permanece na ponta dos pés, e Tavito, a meio metro, também: não há outra maneira de ver as caras ou, pelo menos, adivinhá-las através dos arames: a cara de Tavito aparece por cima da base de cimento da tela de galinheiro. A cara, apenas.

Há muitas coisas para escutar e toda a gente fala e as vozes se confundem. Às vezes, se abrem uns poucos segundos de silêncio, como se todas as mulheres e os homens e as crianças se tivessem posto misteriosamente de acordo para tomar fôlego ao mesmo tempo, e então fica o fiapo de alguma frase desprendida no ar.

– E os desenhos? Você não trouxe nenhum desenho?

– Não tenho desenhos, nenhum.

Tavito tenta meter um dedo através da tela de arame, o dedo fica prisioneiro: não se pode.

– Como que não? E todos aqueles desenhos que...

– Rasguei.

– Quê?

– Estava com raiva e rasguei tudo.

Gustavo pensa que as mãos de Tavito devem estar frias. Gustavo acende um cigarro, sopra fumaça nas mãos. Gostaria de ter um jeito de mandar calor a Tavito através da tela de arame. Os desenhos. Um olho que caminha com as pestanas. O doutor relógio usa os ponteiros como bigodes. Vem o leão e come todos. O leão agarra a lua com uma pata. Vou explicar. Estes três palhaços batem no leão para que ele solte a lua e a lua cai e... O cachorro morde a bunda de uma senhora gorda. Está escutando? Escuta. A gorda está gritando guau, guau, e o cachorro está dizendo ai, ai.

Agora Tavito tem as mãos abertas contra a tela de arame e está soprando-as.

– A tia Berta está marcada. Marquei ela.

Atrás, há uma porta pesada, barras de ferro. Os soldados apontam as metralhadoras e têm cacetetes e também revólveres nos coldres. Tavito diz:

– Ela me bateu.

O ar cheira a umidade e a coisa fechada.

– Deve ter sido por alguma razão.

Tavito chuta a mureta com a ponta do sapato. Em seguida ergue os olhos. Esta maneira perigosa de olhar. Aquela maneira. A cara de Carmen, cara de menina ávida, quero tudo, quero mais, os olhos curiosos, famintos, devorando o mundo.

– Está escutando?

– Sim, sim.

Gustavo sente um mal-estar na garganta. Carmen. Levanta o olhar, o teto alto e cinza. Tavito diz:

– Escuta.

– Sim, sim. Quê?

– A barriga. Está falando comigo.

Tavito faz caretas aos soldados, mostra a língua.

– Por que bateu em você?

– Quem?

– Berta. Você disse que ela tinha batido em você.

Tavito permanece em silêncio com a cabeça baixa. Finalmente fala e Gustavo mal consegue escutá-lo:

– Ela fica zangada porque faço pipi na cama.

– E o Águia do Deserto sabe que você anda se mijando?

O sangue sobe no rosto de Tavito, faz cócegas.

– Quando eu for grande, ela vai me pagar.

– O Águia do Deserto não vai querer ser seu amigo.

– O Águia não sabe que eu faço pipi na cama.

– Ah, ele fica sabendo de tudo.

– Claro que não. Você percebe que ele não vive na mesma vida que eu? Ele vive na vida da guerra. Minha vida é diferente. Na minha vida existe uma velha com uma cara de Berta.

Gustavo não tinha querido que Tavito viesse. Vê-lo, pensara, será pior. Mas no último domingo pedira à sua irmã que o trouxesse, e que o esperasse fora.

– E esse curativo que você tem na testa? Que é isso... Não posso acreditar que... Mas... E o nariz? Você está com o nariz inchado!

– Você brigou com dez. No jornal dizia isso. Eu também vou ser forte e brigar com todos eles.

– Como foi?

– Na escola, foi lá, na escola.

– Eu não briguei com dez nem com nenhum. Você está querendo é parecer com algum desses veados da televisão.

– Eles estavam falando mal de você.

– Eles, quem?

– Eles, na escola.

– Falando o quê?

– Que os soldados vão matar você. Eles diziam isso, e eu bati neles e por pouco não mato todos.

Gustavo engole saliva. Sente uma opressão na cabeça. As orelhas ardem. Quer sentar-se. Estar longe. Estar antes. Antes, como era?

Tavito está falando, está dizendo:

– A tia Berta me mostrou uma foto de quando você era pequeno. Eu não tinha conhecido você pequeno. Antes, eu não conhecia...

E então Gustavo sente que lentamente retrocedem os rostos do filho e dos companheiros e dos soldados e viaja, deste dia e desta cadeia, para outro tempo. O velho tempo regressa, o velho mundo, e, antes que fuja, Gustavo está brincando na beira do mar, ao seu lado o anão Tachuela está dançando, com uma vassoura parada na palma da mão: Gustavo perseguia a banda da cidade, os quatro ou cinco velhos desarticulados que iam desatando a bagunça dos tambores, e adiante de todos marchava um negro de dentes brilhantes, que soprava a corneta como ninguém; o negro parava, erguia a corneta com uma mão e com a outra levantava Gustavo e ria, gargalhada, e o sol, vendo aquilo tudo, também morria de rir.

– Quis ficar com a foto, mas ela me tomou.

E, vinte anos depois, Tavito perguntava por que os pinguins vêm morrer na costa, e aprendia a pressentir a chuva: canta o bem-te-vi seu canto quebrado e fugaz, os passarinhos batem as asas contra a terra levantando pó; as formigas atravessam, desesperadas, os caminhos.

– Quando você vai voltar para casa?

– Não sei. Logo.

O vento norte, o que bate nas suas costas, é vento de terra, mas quando vem o *pampero,* Tavito, vem para limpar o ar. Olha. Hoje, o mar tem espuma de cerveja. Uma gaivota roçou sua cabeça com uma asa. A espuma se inchava, tremia, abria bocas, respirava. Subia a maré: o tempo será bom, Tavito. A espuma voava, Tavito tinha bigodes de espuma.

– Amanhã?

– Pode ser. Não sei.

Tavito perseguia as flores de cardo que subiam e flutuavam e subiam pelo ar e Gustavo perguntava: quem canta? – e Tavito parava, aguçava o ouvido, dizia: pintassilgo. Não, olha lá: e então Gustavo mostrava a cabecinha amarela do pica-pau entre os galhos das árvores.

– Quem é que sabe quando você vai voltar para casa?

– Ninguém sabe, Tavito.

Quantos dias se passaram? Quantos meses? Uma noite, descobre-se que fazer a conta é pior. Antes, antes. Gustavo olha sem ver. Abolir o tempo. Voltar atrás. Ficar, Carmen, ficar em você. Eu achava, Carmen, que você não ia terminar nunca. Apertei sua mão e a mão latejava, estava viva como um pássaro. Antes, antes de tudo. E as estrelas, papai, que fazem durante o dia? Por que puseram mosquitos na Arca de Noé? Por que a mamãe morreu? Dois cachorros rodavam mordendo-se pelas dunas e Gustavo já tinha estado preso, não dormia em casa, três vezes tinham vindo remexer nas coisas uns caras de uniforme, estavam armados como os que trabalham na televisão, esses da série "Combate", remexiam em tudo na casa e Tavito olhava para eles, sem pestanejar e sem abrir a boca, grudado na parede; o corpo tremia até os dedos dos pés. Gustavo tinha dito a ele: há tantas coisas que você vai ter de descobrir, Tavito. As coisas invisíveis, as difíceis, a brecha que espera por você entre o desejo e o mundo: você apertará os dentes, resistirá, nunca pedirá nada. Não, não se vive para vencer os outros, Tavito. Vive-se para se dar.

Tavito aponta, com o queixo, os soldados.

– E estes, não sabem quando você vai voltar?

– Também não sabem.

Dar-se. Mas, e ele? Tenho direito?, se pergunta Gustavo agora. Ele, que culpa tem? Escolhi por ele sem consultá-lo. Me odiará, alguma vez? Gustavo vê quando ele se aproxima de um dos soldados. Tavito fala, o soldado encolhe os ombros e em seguida estende a mão para acariciar sua cabeça. Tavito salta, como se a mão do soldado estivesse eletrizada.

Tenho direito? Decidi por ele. Havia outra maneira? Gustavo olha para os lados, os companheiros, rosto por rosto, os homens com quem divide a comida e a pena e as palavras de ânimo que passam uns aos outros, como o mate, de boca em boca. O tempo de agora e o tempo de depois. Alguém atira para ele, do outro extremo da fila, um maço de cigarros. Gustavo apanha-o em pleno voo. E então Tavito diz:

– Não se preocupe.

Diz:

– Quando eu for astronauta, vamos ir para a lua ou vamos ir pescar.

Fora, o infinito caminho da terra se estende, pó e frio, através dos cotos das árvores podadas. Há um sol branco no céu. Tavito olha fixo para o sol, em seguida fecha os olhos, sente o sol metendo-se, estremecedor, no corpo. A luz o persegue e aquece suas costas. Entre o sol e Tavito, caminha uma mulher que leva um pacote de roupa pendurado em uma mão.

Do outro lado das colinas, as acácias cheiram a mel. E na cidade, não muito longe daqui, o vento ergue papéis velhos, em redemoinhos, pelas ruas. Nos mercados, anunciam morangos de Salto. Os cachorros cochilam, ao sol, junto dos mendigos. Sentado na beira da calçada, um garotinho desenha o mundo com um palito.

O monstro meu amigo

No começo eu não gostava dele, porque achava que ele ia me comer um pé.

Os monstros são agarradores de mulheres, levam uma mulher em cada ombro, e quando são monstros velhinhos ficam cansados e jogam uma das mulheres na beira do caminho. Mas este de quem eu falo, o meu amigo, é um monstro especial. Mas nós nos entendemos bem, apesar do coitado não saber falar e de todos sentirem medo dele. Este monstro meu amigo é tão, mas tão grande, que os gigantes não chegam nem no seu tornozelo, e ele jamais agarra mulheres nem nada.

Ele vive na África. No céu não vive, porque, se estivesse no céu igual que Deus, cairia. É grande demais para poder viver por aí pelo céu. Existem outros monstros menores que ele, e então vivem no infinito, perto de onde fica Plutão, ou mais longe ainda, lá no infinito ou no piranfinito. Mas este monstro meu amigo não tem nenhum outro remédio a não ser viver na África.

Volta e meia ele me visita. Ninguém pode vê-lo, mas ele pode ver todo mundo. Às vezes é um canguruzinho que pula na minha barriga quando dou risada, ou é o espelho que me devolve a cara quando parece que estava perdida, ou é uma serpente disfarçada em minhoca e que monta guarda na minha porta para que ninguém venha me levar.

Agora, hoje ou amanhã, o monstro meu amigo vai aparecer caminhando pelo mar, transformado num guerreiro que mais imenso não poderia ser, jorrando fogo pela boca. Vai dar um soprão e arrebentar a cadeia onde meu papai está preso, e vai trazê-lo para mim na unha do dedo minguinho, e vai enfiá-lo pela janela em meu quarto. Eu vou dizer "olá", ele vai voltar para a África, devagarinho, pelo mar.

Então papai, meu papai, vai sair e comprar balas e caramelos para mim e uma garotinha e vai conseguir um cavalo de verdade e vamos sair galopando pela terra, eu agarrado na cauda do cavalo, a galope, para longe, e depois, quando papai ficar pequeno, eu vou contar as histórias desse monstro meu amigo que veio da África, para que meu papai durma quando a noite chegar.

GAMADOS

Homem que bebe sozinho

As sentinelas vigiam, os revolucionários conspiram, as ruas estão vazias. A cidade adormeceu ao ritmo monótono da chuva; as águas da baía, viscosas de petróleo, lambem, lentas, o cais. Um marinheiro tropeça, discute com um poste, erra o golpe. Nos pés do morro, arde como sempre a chama da refinaria. O marinheiro cai de bruços sobre um charco. Esta é a hora dos náufragos da cidade e dos amantes que se desejam.

A chuva cresce, agora mais feroz. Chove de longe; a chuva bate contra as janelas do café do grego e faz vibrar os vidros. A única lâmpada, amarela, luz doentia, oscila no teto. Na mesa do canto, não há nenhuma moça tomando café e fabricando barquinhos com o papel do açúcar para que o barquinho navegue em um copo d'água e depois naufrague. Há um homem que vê chover, na mesa do canto, e nenhuma outra boca fuma de seu cigarro. O homem escuta vozes que vêm de longe e dizem que *juntos somos poderosos como deuses,* e dizem: *quer dizer que não valia a pena, toda essa dor inútil, toda essa sujeira.* O homem escuta, *essa mentira, estátua de gelo,* como se as vozes não chegassem do fundo da memória de ninguém e fossem capazes de sobreviver e ficar flutuando no ar, no ar que cheira a cachorro molhado, dizendo: *gosto de gostar de você, minha linda, minha lindíssima, corpo que eu completo, você me toca com os dedos e sai fumaça, nunca aconteceu, jamais acontecerá*, e dizendo: *tomara que fique doente, que tudo dê errado na sua vida, que você não possa continuar vivendo.* E também: *obrigado, é uma sorte que você exista, que tenha nascido, que esteja viva,* e também: *maldito seja o dia que lhe conheci.*

Como acontece sempre que as vozes chegam, o homem sente uma insuportável vontade de fumar. Cada cigarro acende o próximo enquanto as vozes vão caindo, trepidantes, e se não fosse pelo vidro da janela com certeza a chuva machucaria sua cara.

Confissão do artista

Eu sei que ela é uma cor e um som. Se pudesse mostrá-la a você!

Dormia ali, nua, abraçando as próprias pernas. Eu amava nela a alegria de animal jovem e ao mesmo tempo amava o pressentimento da decomposição, porque ela havia nascido para desfazer-se e eu sentia pena que fôssemos parecidos nisso. Mostrava a pele do ventre, que parecia raspada por um pente de metal. Essa mulher! Algumas noites saía luz de seus olhos e ela não sabia.

Passo as horas procurando-a, sentado na frente do cavalete, mordendo os punhos, com os olhos cravados numa mancha de tinta vermelha que parece o entusiasmo dos músculos e a tortura dos anos. Olho até sentir que meus olhos doem e finalmente creio que começo a sentir, no escuro, as pulsações da pintura crescendo e transbordando, viva, sobre a tela branca, e creio que escuto o ruído dos pés descalços sobre a madeira do chão, sua canção triste. Mas não. Minha própria voz avisa: "A cor é outra. O som é outro".

Levanto, e cravo a espátula nessa víscera vermelha e rasgo a tela de cima para baixo. Depois de matá-la, deito de boca para cima, arfando como um cão.

Mas não posso dormir. Lentamente vou sentindo que volta a nascer em mim a necessidade de pari-la. Ponho o casaco e vou beber vinho nos botecos do porto.

Garoa

Tinha sido a última oportunidade. Agora, sabia. De qualquer maneira, pensou, poderia ter me poupado da humilhação do telefonema e do último diálogo, diálogo de mudos, na mesa do café. Sentia na boca um gosto de moeda velha e no corpo uma sensação de coisa quebrada. Não só na altura do peito, não: em todo o corpo: como se as vísceras se adiantassem à morte, antes da consciência decidir. Sem dúvida, tinha ainda muito que agradecer a muita gente, mas ele se lixava para isso. A garoa molhava-o com suavidade, molhava seus lábios, e ele teria preferido que a garoa não o tocasse daquele jeito tão conhecido. Ia descendo para a praia e depois afundou lentamente no mar sem nem ao menos tirar as mãos dos bolsos, e todo o tempo lamentava que a garoa se parecesse tanto à mulher que ele havia amado e inventado, e também lamentava entrar na morte com o rosto dela ocupando a totalidade da memória de sua passagem pela terra: o rosto dela com o pequeno talho no queixo e aquele desejo de invasão nos olhos.

Mulher que diz tchau

Levo comigo um maço vazio e amassado de *Republicana* e uma revista velha que ficou por aqui. Levo comigo as duas últimas passagens de trem. Levo comigo um guardanapo de papel com minha cara que você desenhou, da minha boca sai um balãozinho com palavras, as palavras dizem coisas engraçadas. Também levo comigo uma folha de acácia recolhida na rua, uma outra noite, quando caminhávamos separados pela multidão. E outra folha, petrificada, branca, com um furinho como uma janela, e a janela estava fechada pela água e eu soprei e vi você e esse foi o dia em que a sorte começou.

Levo comigo o gosto do vinho na boca. (Por todas as coisas boas, dizíamos, todas as coisas cada vez melhores que nos vão acontecer.)

Não levo nem uma única gota de veneno. Levo os beijos de quando você partia (eu nunca estava dormindo, nunca). E um assombro por tudo isso que nenhuma carta, nenhuma explicação, podem dizer a ninguém o que foi.

ANDANÇAS

Ter duas pernas me parece pouco

Eu não sabia como era a fronteira. Como seria? Nunca tinha visto uma fronteira. Teria orquestra? Teria. E baile e festa e tiro ao alvo. E circo? Orquestra, com certeza. Circo, não sabia.

Já levava dias a cavalo, mas não estava cansado. Comia o que podia e tinha fumo de sobra. Sabia que a fronteira ficava no rumo norte e tocava em frente sem medo nem pressa. As estrelas, de noitinha, corrigiam meu rumo. Na verdade, era o cavalo que sabia. Eu conversava, pedia para ele não se confundir: olha aí, vamos pro norte. Ele ia ao sabor do vento.

Eu estava descalço e sem esporas, com as calças arregaçadas acima dos joelhos, e estava com minha perna nua grudada no seu couro, como se fôssemos para a guerra *montonera*.

Quando vinha a noite, desmontava. Debruçava na beira de um arroio e os dois tomávamos água. Não o amarrava nunca. Eu me estendia a picar fumo de corda, debaixo de uma árvore, e via quando ele saía pastando por perto. Nunca o vi dormir. Nem bem chegava a manhã, ele me despertava relinchando suave e empurrando minhas pernas com o focinho, antes que o sol pudesse espetar meus olhos por trás dos galhos. Então saíamos, cedinho, trotando a trote longo.

Eu tinha ido embora porque queria mudar. Senão, no dia menos esperado ia estar dentro do caixão de morto sem saber para que existira. Pensava nos caras que não têm novidades novas para contar, e não sobra outro jeito que contar novidades velhas ou pichar os outros. Para mim, valia mais morrer que seguir vivendo assim, carregando água para as casas e dá-lhe lustrar sapatos na estação do trem e sempre com dor nos rins. Viver assim, para quê? Claro que se todos começarmos a pensar em morrer e começarmos a morrer estaremos fritos. A gente tem que buscar um jeito de não morrer. Pensava em Cristo, que há uns dois mil anos está na luta filosófica e na quantidade de dias que estavam me esperando para que eu os vivesse. Pelo meio das orelhas daquele cavalo, podia ver o mundo inteiro, que era enorme e não era de ninguém e tinha um cheiro de capim e couro úmido de montaria.

Pensava na sorte que tinha por ter nascido homem. Pensava em minha irmã maior, que ferraram porque não se casaram com ela, e em minha irmã menor, que ferraram porque se casara. E em minha mãe, que quis viver outra vida mas não sabia qual e dormia com os olhos abertos desde a noite em que meu velho a roubou dos ciganos. E em todas as mulheres de minha vida curta mas poderosa e tristemente célebre. Porque eu, mulher que vejo, mulher que me dá vontade de botar na horizontal e meter-me lá dentro, eu levo para o morrinho atrás do cemitério, ali entre a rua Domingo Petrarca e a rua das Mulas, de onde antes saíam os carros do curral. As mulheres nascem para isso, e por isso se enlouquecem sem precisar de vinho.

Eu queria conseguir tinta, embora não soubesse como, antes de chegar na fronteira. Gostaria de passar para o outro lado com o cavalo verde e as crinas amarelas, em homenagem ao país irmão, porque essas coisas impressionam muito. Lá os pretos são todos doutores e certamente estariam à minha espera com uma *parrillada* gigante. Fechava os olhos e via as costeletas douradas jorrando gordura e uma fogueira de troncos e um braseiro desses lindos de se olhar de noite. Eu ia entrar a galope com o pingo colorido por baixo de um arco de trepadeiras e haveria pelo menos uns vinte clarins chamando para a festa.

Quanto mais me aproximava, mais contente estava. Porque lá são as mulheres quem tiram as roupas dos homens, aos poucos, aos pouquinhos, como quem descasca uma banana, e pintam paisagens de todas as cores nas barrigas dos homens, o morro do Corcovado com Cristo e tudo, e depois tomar banho é uma lástima.

Andava por uma trilha estreita, louco por causa dos espinhos, os mangangás zumbindo pertinho, e de repente dei de cara com uma dessas planícies que a gente vê no cinema, muito selvagem, com uns pastos do tamanho de uma pessoa que o vento movia em ondas bravas, e debaixo deles andavam as lebres, no cio, perseguindo-se como flechas. Cruzei todo esse campo e depois atravessei um riacho cheio, e eu sempre com a impressão de que um assunto muito importante estava espalhando-se pela atmosfera.

Desci do cavalo, abri uma porteira e tornei a montar. Então, justo quando estava passando a perna para o outro lado, vi que de longe vinha um cavaleiro atravessando o campo. Esperei o cavalo, com toda a emoção.

O cavaleiro vinha para cá, e eu ia para lá. Sentia como se o campo estivesse adormecido e eu ia despertando-o ao passar, com uma alegria sem fim. Até aí, eu sempre fizera uma volta quando podia cruzar com alguém; evitava o humano como se fosse onça ou cobra. Mas esse tipo eu via, aproximando-se, com sua capa negra voando ao vento, envolvido na neblina vermelha que as patas do cavalo levantavam, e – como dizer? – éramos como dois caudilhos que iam se encontrar. Assim era misteriosa minha vida naqueles momentos cruciais da existência.

O coração batia com toda a vontade, e eu não sabia que iam me engaiolar por três anos por andar escapando com cavalo alheio, embora soubesse que ele fosse propriedade privada de outro. Eu estava louco de alegria e não tinha nem ideia de que a fronteira tinha ficado para trás, que tinha passado por ela sem perceber, nem sabia que o homem de capa negra era um tira. Como ia saber? Todos os policiais têm pinta de polícia, já nasceram assim, e por isso não servem para outra coisa. Todos, menos aquele cara, que na verdade, visto de longe, puxa... parecia um tremendo justiceiro, como o Zorro.

Noel

A chuva tinha nos surpreendido na metade do caminho; tinha se descarregado, raivosa, durante dois dias e duas noites.

Fazia já algumas horas que o sol tinha voltado, e as crianças andavam ao pé do morro buscando o jacaré caído do céu. O sol atacava as lamas das roças e a mata próxima, arrancando nuvens de vapor e aromas vegetais limpos e embriagadores.

Nós estávamos esperando que um ruído de motores anunciasse a continuação da viagem, e deixávamos passar o tempo, entre bocejos, sentados de costas contra a frente de madeira do armazém ou deitados sobre sacos de açúcar ou de milho moído.

Dos braços de uma mulher, ao meu lado, brotava, contínuo, um gemido débil. Envolvido em trapos, Noel gemia. Tinha febre; um mal tinha entrado pela orelha e tomado a cabeça.

Para lá dos campos amarelos de soja, se estendia um vasto espaço de cinzas e tocos de árvores cortadas e carbonizadas. Logo tornariam a se erguer, por trás desses desertos, as espessas colunas de fumaça das fogueiras que abriam caminho em direção ao fundo da mata invicta, onde floresciam, porque era época, as campainhas avermelhadas dos *lapachos*. Esperando, esperando, adormeci.

Me despertou, muito depois, a agitação das pessoas que gritavam e erguiam pacotes, sacos e panelas. O caminhão, vermelho de barro seco, tinha chegado. Eu estava estendendo os braços quando escutei, ao meu lado, a voz da mulher:

– Me ajude a subir.

Olhei para ela, olhei para o menino.

– Noel não se queixa mais – disse.

Ela inclinou a cabeça suavemente e depois continuou com a vista sem expressão, cravada nos altos arvoredos onde se rompiam as últimas luzes da tarde.

Noel tinha a pele transparente, cor de sebo de vela; a mãe já tinha fechado seus olhos. De repente, senti que minhas tripas se retorciam e senti a necessidade cega de dar uma porrada na cara de Deus ou de alguém.

– Culpa da chuva – murmurou ela. – A chuva, que fecha os caminhos.

Mais que a tristeza, era o medo que apagava sua voz. Qualquer motorista sabe que dá azar atravessar a selva com um morto.

Subimos na carroceria. Os contrabandistas, os peões do mato, os camponeses celebravam com cachaça a aparição do caminhão. Alguns cantavam. O caminhão partiu e todos ficaram em silêncio depois dos primeiros trancos.

– E agora, por que você continua?

Foi a primeira vez que olhou para mim. Parecia assombrada.

– Aonde?

– Isso leva a gente para Corpus Christi.

– Para lá é que eu vou. Vou até Corpus rezar para que chegue o padre. O padre tem que fazer o batismo. Noel não está batizado, e eu vou esperar até que chegue o padre com as águas sagradas.

A viagem se fez longa. Íamos aos trancos pela picada aberta na selva. Já era noite fechada e por aquela comarca também vagavam, disfarçadas em bichos espantosos, as almas penadas.

Cerimônia

O diabo está bêbado e reumático e tem milhões de anos de idade. Sentado em cima de uma fogueira de cacos de vidro, envolvido em chamas, jorra suor. Reza a missa com as costas apeadas no tronco daquela figueira que, condenada por Cristo, não dá frutos.

"Que se estiver caminhando, veja minha sombra. Que se estiver dormindo..." Sacode a cabeça. Os cornos de trapo balançam sobre os olhos e um fio de baba despenca, trêmulo, de seu lábio; ao redor, estão pendurados os santos do céu e do inferno. A fumaça ondula entre caveiras e amuletos e oferendas; os bodes bebem vinho negro, os galos gritam, os sapos se incham de fumaça de charuto. "Eu te esconjuro pelos nove meses que tua mãe te carregou no ventre, pela água que te jogaram em cima e pelo sal que te deram para comer. Osso por osso e músculo por músculo, veia por veia, nervo por nervo..."

O diabo se levanta estalando e começa a caminhar encosta acima, pelos arbustos. Um cetro de sete dentes de ferro serve de bastão: os sete soldados, guardiões dos portões do inferno, o guiam no negror da noite e lhe dão forças para manter rijos os músculos enquanto dribla as pedras e a ramagem do morro. Anda torto, enrolando-se aos tropeções com sua própria capa rubro-negra, chamuscada e rota, e a cada passo uma dor aguda retorce seus rins.

Para na metade do caminho. Junto à cascata, uma mulher, de pé, está esperando. Ela carrega uma menina nos braços.

– Tem muita febre?

– Não.

A morte, sua longa língua:

– Está indo. É dor demais para seu pouco tamanho.

"Galo que canta, cão que late, passarinho que pia, gato que mia, criança que chora, Satanás..." O diabo coça a orelha pontiaguda:

– Não. Porque eu não quero.

Doze rosas brancas. Um punhal virgem. Sete velas vermelhas, sete velas negras. Uma toalha intacta. Um copo não tocado por nenhuma boca.

"A estrela e a lua são duas irmãs
Cosme e Damião"

Acendem as velas. Lá embaixo, antes do mar, tremem, fracas, as luzes da cidade. A madrugada começa a desenhar sua linha no horizonte.

– Sonhei que ela morria.

– Quem dorme com a boca para baixo não sonha.

– Um cavalo apoiava as patas na minha barriga. E depois, com mãos de mulher, me apertava a garganta. Percebi que, se eu dissesse o nome dela, ela morria.

– Qual é o nome?

– O nome de minha mãe.

O diabo coça a barbicha com a unha, longa, do polegar. O diabo não tem cheiro de enxofre. Tem cheiro de cachaça.

– Quantos anos tem?

– Anos, não. Tem dias.

– A avó vem buscá-la. É ela quem quer levar a menina.

A menina está estendida sobre o pano branco, rodeada de flores e velas. O diabo se inclina, se ajoelha, e com a ponta da adaga desenha dois talhos, em cruz, no meio da cabeça. Apoia sobre a ferida suas gengivas sem dentes e bebe o sangue. A menina não tem força para se queixar.

– Iara, que será chamada por outro nome, não vai morrer. O dia que o mundo acabar ela se salvará num carro de fogo. Os tempos mudam todos os dias, mas, de agora em diante, ela é minha neta.

Despeja as rosas nas águas da nascente do morro, para que levem as desgraças e as atirem no mar.

– Oxalá, Deus das Alturas, Criador do Céu, do Inferno, do Mundo, dos filhos, da tristeza, me ajuda a criar esta filha. Ela é tua filha e minha neta, e filha de minha tristeza, ai.

Depois ergue o punho para as últimas estrelas do céu e, apontando para ela com os sete dentes de ferro enferrujado, clama, a voz rouca:

– Na hora em que te lembrares, Deus, que essa menina existe sobre a Terra, ela sofrerá. Tua vingança, que os veados da igreja chamam de mistério! Mas por feitiço ela não vai sofrer. Nem por mau-olhado. Nem por inveja, nem por praga, nem por quebranto. Nem por maldição.

Cospe no chão. E continua acusando as alturas e sacudindo o punho peludo, enquanto a luz invade, lenta, o ar cinzento:

– Ah, velho carrasco! Carniceiro!

Ela entrará num jardim e deixará a criança na soleira de uma casa de ricos. Depois continuará caminhando até a costa, até chegar na praia do Diabo, que é pequena mas engoliu muita gente. E começará a buscar, na areia ainda fria e úmida, o cordãozinho com aquele talismã que a protegia das penúrias durante o dia, e dos pesadelos durante a noite. E, se Iemanjá a chamar das lonjuras do mar, ela se despirá e se deixará ir navegando como se seu corpo fosse uma vela branca, atrás da voz da deusa.

A terra pode nos comer quando quiser

Um pontinho vem crescendo, pouco a pouco, da lonjura. Nesta estepe gelada, sem pasto nem marcas, de onde até os corvos fogem, a luz queima os olhos. A *puna* é tão alta que se pode tocar o céu com as mãos: a luz cai de muito perto, e arranca da pedra lisa brilhos de cor púrpura ou de cor de enxofre.

O pontinho vai se convertendo, lentamente, em uma mulher que corre. Usa um chapéu preto como os de Potosí e um xale vermelho, tão amplo como sua vasta saia. Ela corre deslizando no meio dessas desolações que não começam nem terminam nunca, banhada pela luminosidade que sai do chão como se estivesse atrasada para chegar a algum encontro.

Pelo que me contaram aqui, o *yatiri* virou *yatiri* sem querer ou decidir. Foi escolhido. E nem as ovelhas viram isso – não havia homens ou animais: não havia ninguém. Uma voz o chamou do alto da noite quando ele ainda não era *yatiri*, e ele subiu atrás da voz caminhando pela montanha até chegar lá em cima, muito além das nuvens. Sentou ao pé da pedra e esperou.

Então caiu o primeiro raio e ele foi partido em pedaços. Depois caiu o segundo raio e os pedaços se reuniram, mas ele não podia ficar em pé. Aí caiu o terceiro raio que o soldou.

Assim foi quebrado e construído o *yatiri*, morto e renascido, e assim foi sempre, pelo que me contaram aqui, desde que *Viracocha* criou o mundo e o raio que cai, as pedras que despencam, os rios que arrasam plantações e currais, a inundação e a seca, as epidemias e os terremotos. (E desde que criou a nós, os homens, ou nos sonhou, porque aí ele já estava dormindo.)

Uma cortina de água apaga o vão alto e negro que separa os picos altos no horizonte. Um relâmpago atravessa esse vão. Está chovendo para os lados de Chayanta.

Debaixo da terra, metidos nas grotas e nas fendas, os homens perseguem os filões. Que aparecem, escorrem, se oferecem, se negam: é uma víbora cor de café e em sua carne brilha, trêmula, a cassiterita. Uma caçada que se faz em três turnos, bem no meio da montanha. E onde participam milhares de homens armados de cartuchos de dinamite ou de *anfo:* essa manteiga que também se usa para brigar em cima da terra e que os capatazes desconfiam, quando veem os pacotes que os mineiros costumam levar debaixo de seus casacões de trabalho, que são amarelos – de um amarelo raivoso.

Um rato agarrado num buraco fundo: uma opressão entre o peito e as costas, uma dor que caminha pelo corpo: a vingança do pó de silício: antes da tosse e do sangue e da aniquilação temporã, os perseguidores do filão perdem o gosto da bebida e da comida e perdem o cheiro das coisas.

Llallagua: deusa da fecundidade e da abundância. *Llallagua:* um grande depósito de lixo cercado de potes de *chicha.* Alguém cruza a ponte sobre o rio Seco, arrastando um carrinho de mão cheio de cachorros mortos, com as bocas abertas.

Tenho, tenho, diz
e não tem nada
nem um tostão no bolso
para os cigarros...

O rio é um leito cinza e escasso que corre entre as pedras. Todas as águas de *Llallagua* acabam parecidas com a areia espessa que brota da boca da mina e todas as ruelas de *Llallagua,* escorregadias de barro, levam para o lixo.

Aqui, o sol incendeia, o vento arrebenta, a sombra gela, o frio fere, a chuva cai como pedradas. Durante o dia, o inverno e o verão cortam os corpos em dois – ao mesmo tempo.

À luz de velas, uma mulher dança *huayno* no chão de terra. As várias saias da mulher flutuam e a longa trança negra voa para trás e para a frente, e ela acaricia a trança com os dedos.

Alguém segreda: "A Hortênsia tem amor. Mas só por um tempinho: só para um tempinho. Vai oferecer maravilhas para ele. Mas depois..."

Todos bebem:

– Aqui! Aqui! Seco, fundo seco, mostrem os copos! Sirva-se, sirva-se, não seja galinha, vamos ver!

– A gente tem de fuzilá-los, porra, todos, todinhos, porra!

– Um trago por isso! Um brinde pelos que dançam! Mas que seja forte!

– Na nuca, porra, por tanta encheção de saco! E a tiros, que é melhor! É, além disso, mais pedagógico, porra!

– Um brinde por Camacho! Brindemos por merda nenhuma! Eu estou na rua, nesta merda de rua!

El Lobo tem duas mulheres, mas todos sabem que uma, a corcundinha, só serve como amuleto, e que a outra quer tirar a roupa toda vez que fica bêbada.

Cantarei, e só,
Dançarei, e só
não sobrou nem água
para mim

Quem trabalha nas manhãs de segunda-feira? Os distraídos e os suicidas. Nem os padres.

Meteram duas lhamas brancas, vivas, no fundo do grotão. O *yatiri* afundou no pescoço delas seu punhal de prata e bebeu o sangue quente na concha de sua mão, e depois ofereceu sangue à terra, porque a terra pode nos comer quando quiser. Com um chifre de caça, chamou os inimigos dos mineiros e levou-os para longe.

– Irmãos, companheiros. Estamos oferecendo boa presa para que apareçam bons filões nas minas, e a sorte boa contra os desmoronamentos e contra os caminhos perdidos. Agora estamos brindando pelos *tios* e *tias*, e neste instante eles estão fazendo o mesmo por nós. Eles estão enchendo a cara no inferno, pela nossa saúde.

Os mineiros, sentados em roda, olhavam – sem fixar os olhos – para o *tio,* em seu trono iluminado pela luz das velas, suas sombras espantosas nas paredes das grutas. Nas vasilhas, aos pés do *tio,* a aguardente ia baixando de nível e desaparecendo, as vísceras das lhamas sofriam dentadas invisíveis, e as folhas de coca se convertiam em polpa babada. O charuto virava cinza na boca do diabo de barro.

– As duas lhamas que sacrificamos estão sendo devoradas pelos diabos, e todas as virgens, junto com eles, também estão comendo a carne sagrada. E amanhã, ao amanhecer, vamos recolher os restos que sobrarem, e então vamos comer nós. E durante sete dias ninguém entrará aqui e ninguém trabalhará.

Ainda que ele acreditasse, como todos, que tempos idos não voltam mais, houve alguém que desejou que aparecesse o *Tio* em pessoa, trabalhando ao meio-dia, batendo com um martelo as paredes de uma lavra abandonada, uma lavra falsa, e batendo na pele de don Simón Patiño, que tivera a sorte e o dinheiro e o poder. Mas o que eles viam, quando fechavam os olhos, eram os homens mortos a bala, bêbados ainda e luminosos pelas fogueiras de São João.

Me perguntavam como era o mar. Eu contava que na boca dos pescadores o mar é sempre mulher e se chama *la mar.* Que é salgado e muda de cor. Contava para eles como as grandes ondas vêm rodando com suas cristas brancas e se levantam e se estraçalham contra as rochas e caem revolvendo-se na areia. Contava para eles da bravura do mar, que não obedece a ninguém a não ser a lua, e contava que no fundo ele guarda barcos mortos e tesouros de piratas.

Os sóis da noite

O mineiro é um pássaro de plumas negras que os mineiros perseguem e não veem nunca. Voa muito alto e vai alvoroçando com seu grito duro o topo das montanhas. Sabe-se que descansa nos últimos galhos dos cedros das farrobas.

Há outros pássaros, o *capanero* e a *piscua,* que também anunciam o esconderijo dos diamantes. Quando a *piscua* está muito alegre e canta piiiiscua, piiiiiiscua, é por alguma coisa boa, mas cuidado com esse passarinho manso, de plumas cinzentas, quando fica triste e canta baixo, como se estivesse com raiva: melhor é ir embora. Em compensação, cada vez que o mineirinho arisco grita seu único grito, está mostrando o diamante que foge, para que os homens se lancem sobre a pedra e a levantem no punho. O mineiro conduz os mineiros até o fundo da selva de Guaniamo, onde vive. Quando sai na savana, mal começa a voar, morre, porque o ar da planura bate em seu peito.

O diamante é uma pedra que magicamente aparece no meio das peneiras, desprendida de uma massa de pedras inúteis e barro, depois de esconder-se nos leitos de areia dos rios ou nas profundidades da terra, entre os sinais delatores: coisas que parecem grafite de lápis, lentilhas, merda de papagaio, pedaços de metal e sementes de romã. Para encontrar o diamante, este senhor, é preciso ter sangue nas veias.

O mineiro é um preto velho que protesta porque são três da manhã e na rua da Salvação já não se pode beber. O que é meu é meu, grita. Eu tenho *reales,* não preciso pedir dinheiro a esses botequineiros. Somos gente boa, mas quando dá raiva, dá raiva. Tenho um diamante grande como o da África aqui no meu bolso, e não me atendem. Que cantem as máquinas! Que saiam as mulheres! Estão pensando que Marchán é algum vira-latas, nesse negócio? Não me deem nada. Eu tenho mais *reales,* mais que esses que têm negócios e picas, eu tenho *reales* no bolso e no banco de Caracas e em todos os lugares. Aqui estou com meu burrico e quero que as mulheres tirem a roupa e deem banho no meu burrico com *brandy*, porque é assim que ele gosta! Don Marchán é o homem mais rico de todas as minas desse país, que caralho, e eu me chamo Dionísio Marchán. Quem quiser dormir nesse país que faça casa. Aqui tem muita madeira. Você vai me fazer calar? Eu não tenho medo de você nem de ninguém. Eu é que faço você calar. Faço você calar a boca a machadada. Eu nunca, em nenhuma mina, pedi esmola a ninguém. E quem tiver raiva de mim eu me mato com ele, eu ou ele, a machado ou a bala ou do jeito que for. E o homem que me venha, que me venha frente a frente, assim, porque mamãe não me pariu escravo. Eu sou um homem sem amo! Um homem sem medo! O tigre mais bravo que sair, já o amamentei. Eu sou Marchán. Eu aprendi para saber. Que ninguém banque o inimigo comigo. Uns quiseram, mas não puderam. Que saiam as mulheres, todas as mulheres! Peladas, que Marchán paga esta noite a festa da mina! Que saiam a Mena e a Turca e a Rosa! Aqui a máquina tem de cantar! Seja doutor, capitão, seja o que for, ninguém na Salvação vai fechar a porta para mim. Porque eu sou Marchán. Já estou passando dos setenta, mas sou como burro bom, o brio eu não perdi, já conheço a vida! Eu sou um homem que mata de frente! Hoje já não sobram homens, isso sim. Hoje o que existe são punheteiros. Que cantem as máquinas, eu falei! Vamos arrebentar o pescoço das garrafas! As mulheres, que dancem! Hoje sou o que ontem não fui e o que posso ser não sou, pois esse dia de hoje é o que digo de mim. Que Dionísio Marchán morreu de velho. Esse não foi morto, esse não!

O diamante é uma planta que nasce em qualquer parte, porque para existir não exige boa terra. Mas tem seus mistérios. Se faz perseguir pelos túneis a golpes de lança e apaga quando quer a vela ou os pulmões dos mineiros.

O diamante está no topo de um morro invencível, onde muitos quiseram subir e rodaram encosta abaixo pelas pedreiras. O morro, que se ergue nas costas do Caura, mostra, apesar disso, cicatrizes de escaladas que se perdem de vista muito lá em cima, e do alto se desprende, pelas manhãs, uma cascata de laranjas muito doces (nestas terras onde só crescem a seringueira e a sarrapia).

O diamante jaz no fundo do leito arenoso do rio Paragua, no sítio exato e secreto onde uma mulher encontrou, quando as águas baixaram, um canhão de bronze com o suporte quebrado, um tremendo canhão daqueles que os conquistadores carregavam pela boca e punham fogo na mecha. O canhão estava ali, embora fosse impossível estar ali, porque as cataratas do rio teriam sucumbido os galeões ou as corvetas e ninguém poderia ter aberto uma picada, de tão longe, através da selva cerrada.

– Don Sifonte! Mandam-lhe lembranças.

– Como andam as coisas?

– Até o momento, não andam.

– Como vai você?

– Mais velho que ontem, mais perto da morte.

– Pasteizinhos quentes! Para velhos que não têm dentes! Os *caraquenhos* são uns frescos.

As luzes que nascem do diamante cortam como faca. Os comerciantes os examinam com lentes grossas. Às vezes o diamante não é um diamante: é um quase quase.

O mineiro é um barulho que nasce pelas noites, quando todos dormem, e levanta levemente e flutua sobre o sonho de todos.

O mineiro é o murmúrio das *surucas* nas mãos dos fantasmas; a surda agitação dos pedregulhos lavando-se e filtrando-se por três peneiras sucessivas; o som quase secreto da areia que, de filtro em filtro, vai caindo.

O mineiro é o ruído de ferro das pás e das lanças que solitárias se erguem, dançam, se esfregam entre si e se põem em movimento até os poços, e vão penetrando a terra e cavam os socavãos enquanto todos dormem.

E é o eleito que escuta, com o rosto crispado e todos os músculos em tensão, até que finalmente o ruído cessa e fogem os fantasmas para que não os surpreenda e os mate a luz do dia. E então, desesperadamente, o escolhido se afunda no grotão onde o diamante o espera.

O diamante é uma presa que se esconde debaixo da língua de um homem muito magro, que treme de medo. Outros homens tiraram sua roupa, arrancaram sua roupa em farrapos. "Você roubou-nos cinco baldes", dizem. "Vimos quando você os roubou." Falam com os dentes apertados. "Todo mundo viu", dizem.

O homem muito magro nega agitando a cabeça e murmura algumas palavras sem que ninguém perceba que tem o diamante debaixo da língua.

– Nadando, nessa água imunda? Nem você acredita em você. Estava roubando. Isso é o que você estava fazendo. Roubando. E isso não se faz. Isso é pecado. É feio, muito feio, fazer isso.

O homem magro está rodeado por eles, um anel de homens com olhares acesos. Um deles atira cuidadosamente o nó escorregadio de uma corda longa que tem numa das mãos para o galho alto de uma árvore, e o homem muito magro engole o diamante e se condena.

O mineiro é um homem com um arco e uma flecha tatuados no peito.

O mineiro fala, movimento de arco em tensão: Barrabás abriu uma época. Lá pelos anos quarenta, diz, Barrabás encontrou no Polaco um diamante do tamanho de um ovo de pomba, que valia meio milhão de dólares. Essa manhã, diz, os comerciantes lhe haviam negado café com pão.

Voo alto da flecha em direção ao alvo: o diamante era perfeito, transparente e com reflexos azulados, embora tivesse as beiradas irregulares. Nunca visto.

Alegria da flecha no ar: Barrabás oferecia banquetes ao presidente e dava grandes festas em Caracas. Passeava pelas ruas e gostava das moças nas varandas: comprava delas um olhar e um copo d'água por cem bolívares. Mandou arrancar todos os dentes e fazer uma dentadura de ouro puro. Apaixonou-se pela filha do presidente.

A flecha bate: o mineiro diz que Barrabás ofereceu dez mil bolívares para entrar nos salões do Tamanaco, e que não deixaram, por ser preto. Mas o Tamanaco não existia.

A flecha quebrada: Barrabás definha, pobre e velho, numa mina perdida da fronteira.

Aniquilação da flecha: quando voltou de Caracas, não conseguia nem um quilo de arroz fiado. E já não pode contar nem consigo.

O diamante é um espelho profundo onde os mortos de fome acreditam encontrar seus verdadeiros rostos.

O diamante é um recém-nascido que se oferece às putas colombianas da zona vermelha ou se evapora em rum ou uísque escocês ou cai na emboscada dos baralhos marcados nas vendinhas dos trapaceiros profissionais. O diamante faz dançar os milhões à luz da lua, e, quando sai o sol, no bolso não sobra nem um trocado para comprar a bala que faria falta.

O diamante espera, adormecido, entre as raízes de uma gameleira que arde, ao pé das galhadas em chamas, no centro do delírio de um homem que desesperadamente sabe que não lembrará.

O mineiro é um corpo quente e gelado que treme numa rede, à intempérie, com os olhos queimados pela febre. O mineiro acha que chove. Mas a chuva é uma folha de palmeira que um homem arrasta por um caminho poeirento, recém-aberto a machado e já rachado pelo sol, e a folha avança e soa como uma chuva que roda. Se a chuva caísse, a verdadeira chuva, talvez aliviasse os fervores da febre do mineiro que queria sair da rede e da febre, mas está preso, as pernas não respondem, o queixo treme, os dentes se enlouqueceram e chocam-se entre si, esse diamante é meu, uma mão na garganta o afoga e resseca sua boca, esse diamante tão grande como um penhasco, necessita vomitar o que não comeu nem bebeu, lambido pelo fogo, eu, eu que me banhei a sexta-feira santa e não fui transformado em peixe, aonde me vão levar, os poros se dilatam, estouram, aonde a transpiração salta a jorros, se aqui não temos nem cemitério, o diamante reina no incêndio das raízes espantosas das gameleiras e no incêndio da febre na cabeça do mineiro, a cabeça se parte, eu que dormi com mulher numa sexta-feira santa e não fiquei grudado, aonde vão me levar, um alicate quente que tritura o crânio e suprime a respiração, querem me despojar, querem me roubar, a transpiração aos jorros, abusadores, filhos da mãe, a pedra nascida para mim aí embaixo da árvore que arde, a morte, quando os que não voaram voam, aonde, quando os que não correram correm, as flores grudadas, os pássaros mudos, e bruscamente surge então a invasão de borboletas negras, grandes como urubus, apagam o céu e cortam os caminhos e o mineiro sente que está indo, abre caminho entre as borboletas a machadadas, invencível e veloz, a sopros de vento puro abre caminho, deixa-se ir rumo à pedra que o chama, fulgurante, da fogueira de árvores à beira do rio e do fim de todas as coisas.

O diamante é uma pedra maldita. O diamante é uma pedra só. Com suas línguas de diamante, as antigas bruxas poderosas cortam o osso e o aço e atravessam a carne dos planetas.

Eles vinham de longe

Se tivessem conhecido o idioma da cidade, poderiam ter perguntado quem fez o homem branco, de onde saiu a força dos automóveis, quem segura os aviões lá no céu, por que os deuses nos negaram o aço.

Mas não conheciam o idioma da cidade. Falavam a velha língua dos antepassados, que não tinham sido pastores nem vivido nas alturas da serra nevada de Santa Marta. Porque antes dos quatro séculos de perseguição e espoliação os avós dos avós dos avós tinham trabalhado as terras férteis que os netos dos netos dos netos não puderam conhecer nem de vista nem de ouvir falar.

De modo que agora eles não podiam fazer outro comentário que aquele que nascia, em chispas bem-humoradas, dos olhos: olhavam essas mãos pequeninas dos homens brancos, mãos de lagartixa, e pensavam: essas mãos não sabem caçar, e pensavam: só podem dar presentes feitos pelos outros.

Estavam parados numa esquina da capital, o chefe e três de seus homens, sem medo. Não os sobressaltava a vertigem do trânsito das máquinas e das pessoas, nem temiam que os edifícios gigantes pudessem cair das nuvens e despencar em cima deles. Acariciavam com a ponta dos dedos seus colares de várias voltas de dentes e sementes, e não se deixavam impressionar pelo barulho das avenidas. Seus corações sentiam pena dos milhões de cidadãos que passavam por cima e por baixo, de costas e de frente e de lado, sobre pernas e sobre rodas, a todo vapor: "Que seria de todos vocês" – perguntavam lentamente seus corações – "se nós não fizéssemos o sol sair todos os dias?"

Tourist guide

Na outra margem do lago, o arcebispo clama: "Uma maldição ameaça a cidade!", denuncia: "Os filhos renegam os pais!" Dois generais acompanham o arcebispo até o aeroporto e na sala de espera uma mulher puxa a túnica do sacerdote: pede a bênção, padre, que as iguanas abandonem o telhado da minha casa e as dores meu corpo. Os fotógrafos dos jornais rodeiam o arcebispo, o arcebispo transpira, a mitra treme em sua cabeça.

Desta margem, vazia, ergo o olhar e vejo o avião, o arcebispo atravessa as nuvens e se perde no céu. Atrás de mim, no lago, junto com as infinitas torres de ferro, ardem as chamas de gás e as perfuradeiras continuam seu cabecear eterno, os cabos pendem dos bicos como baba de petróleo. Aqui o sol arde com fúria e arranca da terra uma nuvem de óleo e fumaça, cada vez mais espessa e mais difícil de atravessar. Neste deserto negro, brilhoso de petróleo, não cresce pasto nem cresce nada, não sobra nada: as solas das botas grudam no chão, mas as marcas de meus passos se apagam, comidas pelo petróleo, antes de fixarem sua impressão. Existem alguns cartazes rasgados, restos de letras que disseram: "Cuidado. Não passe. Cachorro bravo", disseram: "É proibido jogar lixo", disseram: "Terra Negra reclama do Prometido".

Aqui, os pássaros não cantam: se queixam. Uns poucos patos flutuam, sem se mover, nos charcos pantanosos. Os corvos são a última coisa viva que restou para as palmeiras.

Já estou completando noventa e sete. Estou chegando ao fim, mas quero ver – não é? – se falo com o Senhor para conseguir mais um tempinho.

Como não vou lembrar de quando chegaram as companhias. Foi quando começou a correr dinheiro. O pessoal daqui ainda trabalhava na terra, naqueles anos, eu esqueço das datas, mas isto era muito bonito, os homens pescavam no lago, bebiam água do lago. Naquela época, havia capitães e doutores. Lá no lamaçal comíamos ovos de jacaré; matávamos o jacaré, salgávamos sua carne e fazíamos guisadinho de jacaré. Se éramos felizes? Ninguém é feliz. E quanto mais posição tenha o homem, pior. Mas todos tínhamos vida própria e havia muita união. Agora, a água está envenenada e vivemos encurralados entre o gretão e o dique. A gente nova não fica por aqui, não cria raízes. A garotada vai crescendo e indo embora.

Eu, ir embora, não vou. Eu nasci aqui, me criei aqui e aqui estou, sempre vendendo amendoim no estabelecimento "A Mão de Deus", como você está vendo, que antes era um lugarzinho que vendia comida e onde o pessoal tinha seus bailinhos. Aqui eu fico. Minha filha foi embora, ela sim, e é bem saidinha minha filha, me escreveu um verso que diz: "É tanta a minha inteligência, que minhas improvisações nascem das regiões azuis do firmamento". Ela está na capital. Por que não? Cada um vive da sua capacidade. E não me pergunte mais, porque as escolas de antes só ensinavam a contar até cem.

Não há nem ao menos porcos escavando o chão inchado de lixo. As moscas me acossam, bêbadas de calor, zunindo forte, as moscas batem contra minha cara, grudam em minha pele oleosa de suor. Gotas gordas de suor pendem de minhas pestanas. Me deixo guiar pelo olfato. Estas ruínas exalam um hálito de moribundo; os odores, cada vez mais azedos, vão anunciando, enjoativos, o lugar onde o primeiro jorro de petróleo brotou, há sessenta anos: o buraco. Parece que se passaram séculos desde que se escutou por aqui o rumor dos últimos passos de um homem, e agora só persistem os ruídos da demolição, o desmoronamento de todas as coisas, o rodar das pedras caindo, mas lento, lentíssimo, o moribundo está roncando e se escuta o cicio de dentes de ratos que serrilham as madeiras e o muro, a lepra que avança, lepra do tempo, o zumbido das moscas e o borboleteio do sol que cozinha o lixo e faz ferver os charcos de petróleo, o estalido das bolhas de petróleo inchando-se e arrebentando nestas marmitas, e ao redor dos charcos de sopa negra o chiar da terra que racha, em fendas abertas pelo calor, como rugas, ao longo e ao largo e até o osso da cara da terra.

O jorro brotara até as nuvens, e o vento fez chover petróleo sobre a comarca. Caía petróleo sobre os tetos de folhas de palmeiras das casas, e os lavradores e lenhadores e os caçadores se afogavam em petróleo, atônitos, com os olhos fora das órbitas, porque nunca tinham sabido que aquilo lhes fazia falta.

E veio gente do oriente, do sul e do centro. Os camponeses jogavam aos poços os laços e as foices e vinham pelo rio e através das selvas. Os de Coro foram trazidos para o monte, para devastar os bosques a golpes de facão e machado, e a serpente *guayacán* e a malária acabaram com eles; os da ilha Margarida arrebentavam os pulmões amarrando canos no fundo do lago.

Homens de todas as cores e de todos os idiomas brotavam do mar em navios negros, de proas de ferro. Apareceram as máquinas, de rodas dentadas e lâminas brilhantes, melhores que os homens para resistir às mordidas da serpente e às febres. As torres eram de madeira e depois foram de ferro e brotavam uma ao lado da outra. Também trouxeram automóveis, gramofones, mesas de pano verde e mulheres capazes de fazer o amor vinte e cinco horas por dia: elas se chamavam Chavefixa, Seteválvulas, Rompepregas, Tubulação. Depois da guerra, os bares abandonaram Tasajeras e foram para Alta Gracia, depois chamada Coreia, além de Lagunillas. Para lá se mudaram os bares enormes, e lá estão; parecem prisões ou fortalezas. Quando caiu a ditadura, surgiram no país revolvido as juntas pró-melhoras e as juntas pró-desenvolvimento, e uma equatoriana, que tinha sido dama de alto gabarito, organizou aqui uma greve de pernas fechadas. Se chamava Monosábia. Elas triunfaram.

Desprendeu-se, quebrou e se precipitou no vazio. Estes são os pedaços de uma única coisa, hoje arrebentada, mas que foi. (Havia existido entusiasmo, e luta, e vida viva.) Os restos: como um arrependimento: dentes de guindastes forrados de ferrugem, cadáveres de automóveis, latas de leite em pó Milk, óleo Diana, mata-baratas

Efetan, suco de laranja Ella, montanhas de latas, farrapos de um vestido de festa pendurados num prego, cabines de camionetes sem camionetes, uma espuma de baba seca sobre madeirames verdolengos, luvas de trabalho que perderam os dedos, pneus para medir a pressão, sapatos afogados em barro, ossos de galinhas e cachorros, seringas, um Cadillac reduzido a mofo, cascas de coco, fiapos de capas de chuva, um ônibus sem rodas nem paralamas afundado contra um arbusto e que agora forma parte desse arbusto com os tirantes do teto ao vento como vértebras ou galhos secos, elásticos de poltronas, garrafas com seus bicos em cacos, sucatas de guindastes e de perfuradeiras, monstros em papelão cinzento que antes foram caixas de Veuve Clicquot ou Ye Monks e agora têm mandíbulas e braços e estão encolhidos e à espreita, fios negros de cascas de banana, vegetação podre, peles de vacas sem vacas e acossadas por exércitos de moscas, taladros abandonados com suas bases de cimento como ruínas indígenas depois de um incêndio, com hordas de vermes surgindo debaixo de cada coisa, um letreiro de Cafenol, o camelo de Camel, a moldura de argamassa de um alto-relevo com três dedos de uma mão e a boca de uma cara, pilares de estuque, um muro desfeito de onde se pendura uma língua de papel florido, um busto de manequim erguido sobre os escombros, alçando-se, deusas de gesso, sem braços nem pernas, com uma cara de despeito e os poucos cabelos ainda grudados no crânio: ela sorri.

É uma armadilha, penso. Não me movo. Estou rodeado de lixo pelo norte e pelo sul, o lixo me toma de assalto de leste a oeste. E o lixo que avança, não eu, ou talvez seja esse fedor a fermento e tripas em decomposição que me encurralam e me vão traçando para asfixiar-me, e eu penso que é uma cilada, o primeiro poço de petróleo não existiu nunca, nunca houve, nunca poderei sair daqui, não sei por onde vim e não há estrelas para me guiarem. Me deixo cair sob o sol em chamas e com a cabeça apertada entre o joelho rogo que caiam em cima de mim a noite ou a chuva.

O esperado

Eu nasci no dia da invenção de Santa Cruz e por isso me puseram o nome de Maria, Maria de la Cruz. Foi aos doze anos justos, no dia de meu aniversário, que a planta cresceu e brotaram nela os frutos amarelos e falou comigo. E na noite desse dia sonhei o sonho bonito e no dia seguinte me trouxeram para a cidade. Foi no ano 68 que me trouxeram, para cuidar das crianças. E naquela casa da rua Obispo fiquei trinta anos vendo passar os homens e os cavalos por trás das grades das janelas. Eram tempos de Espanha e, por mais pobre que fosse um branco, nenhum negro ou negra podia olhá-lo.

Eu nunca soube se fui vendida ou dada de presente. Porque muitos negrinhos eram dados de presente, entregues numa bandeja: era uma festa de casamento, soava um golpe de aldraba na porta e então entregavam um negrinho pelado, com umas fitonas coloridas penduradas na bandeja de prata. Mas eu já era crescida quando me trouxeram para cá, e a planta já tinha falado para mim, e eu já tinha tido o sonho.

Os amos me arrancaram um colar que eu tinha trazido comigo da plantação, um colar grandíssimo, de sementes de peônias. As peônias têm duas caras, uma cara vermelha, grande, e outra cara negra, mais escondida. As peônias, como as máscaras de Eleguá, têm a vida e têm a morte. O colar pertencia a Santa Bárbara, era tão lindo, tinha sido presente do moreno velho que tocava o tambor no bembê do engenho. Ele dizia: "Eu toco quando minha mão coça". Dizia: "Meu tambor acredita em mim, acredita em tudo, tudo. Meu tambor acredita em mim, mesmo quando eu minto". Ele tocava o tambor e, quando a cerimônia estava boa, a música saía do tambor e se metia nos corpos dos bailarinos, e então a música nascia dos corpos dos bailarinos. Ao velho eu contei meu sonho e também as palavras da planta e foi ele quem me disse que eu não ia morrer sem ver o esperado. Me deu o colar para que contasse os anos. Foi esse o colar que me arrancaram. De qualquer maneira, as peônias não teriam dado para contar quase um século.

A vez em que eu descobri a planta, lá no engenho, ela estava pequenininha, e tocaram o sino e eu tive de ir embora correndo. Todos nós conhecíamos o sino de cor, os grandes e os pequenos. Porque antes não havia máquinas. Nem havia carvão. Os negros pequenos com cestas grandes e os negros grandes com cestas enormes fazíamos umas montanhas de bagaço e passávamos o dia inteiro regando o bagaço para que secasse e ardesse bem. As carretas levavam o bagaço e o jogavam na fornalha para que desse fogo e moesse a cana. Os machos trabalhavam mais que nós, as fêmeas. Desde criança, os machos já serviam para guiar os bois das carretas. Havia uma balança muito grande, grande como esta casa, e aí entravam e pesavam as arrobas de cana. Quando tocavam o sino, era preciso chegar. Se não, eram *25* chicotadas nas costas, com a chibata de couro cru. Para castigar as grávidas abriam um buraco e as deitavam com o ventre dentro desse buraco. Depois do chicote pintavam as costas delas com tintura da França. O amo queria todos os anos um negrinho. Ou dois. Se saíam dois, melhor.

Tocava o sino e o maioral nos contava. Os negros grandes estavam muito vigiados, porque fugiam. O capataz trazia cachorros e os soltava nas covas dos índios, onde os negros se escondiam. Depois, batiam neles com couro cru ou cortavam uma orelha.

A plantinha estava no meio de uma clareira e para vê-la era preciso atravessar o matagal. Eu voltei. Morria de medo, mas no dia seguinte voltei. Sozinha. Sentei numa rocha e contemplei a plantinha. O ar estava claríssimo; quando o sol saía, já nos encontrava trabalhando. De um dia para o outro, a planta tinha crescido. Tinha todos os ramos cheios de botões com pontinhas amarelas, inchadas, como se fossem arrebentar, e esse dia eu fazia doze anos e sentia um calor estranho, que não era de fome, dentro do corpo. Não respondi nada, mas eu estava quieta e mesmo assim estava caminhando. Desde aquele dia, tenho esse poder de caminhar quando quero sem mexer um pé. E essa noite fiquei dormindo no barracão e então de meu corpo brotaram folhas e caracóis.

Então eu sabia. Tantos anos que passaram desde os tempos da Espanha e ninguém sabia, mas eu sim. Eu sabia que ele ia chegar. Fiquei quase um século esperando e sabendo. Eu estava esperando por ele mesmo sem conhecê-lo. Sabia que faltava um e que ia chegar para salvar-nos todos.

O dia em que ele chegou, eu estava vestida de branco, um vestido comprido. Só gosto de vestidos longos: acho mais majestoso. Eu ia caminhando e as pessoas comentavam: "Olha, olha". Todo mundo dizia: "Lá vai". Ele chegou da serra com uma barba negra e pombas nos ombros. Antes tinham chegado muitos homens, com cabelos compridos e barbas como as dos profetas e disparavam tiros ao ar. Eu o vi chegando e para mim não foi nenhum espanto.

Agora penso na planta e não sei o que terá sido dela. Deve ter continuado a crescer, em algum lugar. Uma vez voltei para buscá-la, mas não a encontrei. Eu tinha entendido tudo que ele me dissera. Mas não sei se depois ele foi um *flamboyant,* que tem essas flores que se incendeiam. Ou um *cupey,* que tem folhas para mandar recados, que a gente escreve com um pauzinho e não se apagam. Ou uma *guásima,* dessas que são boas para dar sombra e para enforcar.

BANDEIRAS

As fontes

Você podia ter ficado longe e sem correr riscos. Mas voltou. Entrou sem bigodes, com os cabelos tingidos e cortados curtos e óculos de mentira e um nome qualquer. Tinham se passado dois longos anos. Você pôde caminhar pelas ruas da cidade, embora pouco e com cuidado, e o coração parecia dar murros no peito e a cidade reconhecia você em segredo e o aceitava. E você me disse, com voz de touro, enquanto mordia uma maçã: "Tinha de voltar. Não se pode ficar sentado na própria segurança como se fosse a maior bunda do mundo". Você estava muito nervoso e queria rir e não conseguia.

Pouco depois veio o verão, você mandou um recado, nos encontramos para tomar cerveja gelada. Você falou na frente de um exército de garrafas vazias. Você tinha podido mexer-se um pouco, quase nada, mas tinha sido suficiente: suficiente para que você sentisse o cheiro da fúria nos bairros, a cidade tinha os dentes apertados: "Se demoro um ano a mais, só encontro cinzas. E ainda não existem condições objetivas? Tem uns caras de pau... Você quer contradições mais superantagônicas? Daqui a pouco as pessoas vão brigar até pelo capim que cresce nas calçadas".

As moscas passeavam, lentas, pelo ar pegajoso.

– Essa desgraça toda vem grávida – você disse.

Bebeu a cerveja de um gole só e limpou a espuma da boca com as costas da mão.

Não quero dizer que seja tão fácil como soprar garrafas. Já sei que a fome também produz faquires. Você soma miséria e mais miséria e às vezes o resultado é apenas mais miséria. Já sei, a gente precisa respeitar a realidade. Foi difícil aprender isso. E mais difícil foi aprender que ela não tem nenhum motivo para nos respeitar. E, se tivermos de nos arrebentar, a solução é arrebentar-se e pronto, não é? Foi difícil aprender isso.

Um ar úmido e quente pesava sobre as ruas. Cedo ou tarde choveria, teria de chover, de repente estourariam os ventres das nuvens paridoras de tormentas. Você disse:

– Será certo que no fundo somos cristãos apressados? Baixar o céu com as mãos. Nós também trazemos a boa notícia. O reino dos justos e dos livres... Juan teria gostado da ideia. Quero dizer, se estivesse vivo.

A cerveja estava densa, a espuma era um creme frio, era sentida na boca e na garganta e nas tripas. "As coisas são fáceis" – você disse –, "estão mais claras." E em seguida você disse: "Mas serão mais difíceis para mim, agora. Já estão sendo, sabe?" E em seguida:

– Foi muito duro para mim vir, sabe?

Você estava sentado, as costas contra a parede.

– Porque agora tenho mulher.

Você nunca dava as costas a ninguém.

– Nem mesmo podemos nos escrever. Não me queixo. É um preço que se paga e está bem e acontece a muitos outros.

Você falava com os olhos fixos na porta do bar, estava tenso, não movia nem um único músculo:

– Quem sabe se vou vê-la de novo.

E, em seguida, olhando para a palma da mão aberta:

– São os riscos da profissão, como dizia um samurai amigo.

Na janela, ondulava um bando de gaivotas. As gaivotas se precipitaram sobre o porto; um alvoroço branco entre mastros e fumaça e você dizia: "Eu tinha conseguido o que procurava e não me animava a lhe dizer. Nunca lhe disse. Veja só. Devem ser problemas de caráter. Ou talvez tenha sentido que não tinha esse direito. Sei lá. É uma desgraça. Ou nem isso".

Calculou as palavras:

– Já sei que, se não tivesse voltado, teria me sentido um traidor.

As gaivotas levantaram voo mais além das nuvens que estavam, escuras de chuva, no céu.

– E já sei, também, porque soube, porque eu não sabia, que não estamos brigando apenas por um montão de coisas muito grandes e muito nobres. Não é que eu queira nada para mim. Não. É muito mais simples. E veja como foi besta o tempo que demorei para saber. Anos. Anos sem saber que também se podia estar nisso pelo sorriso triste de uma mulher e pela cintura livre de pistolas.

A iniciação

Fernando tinha forçado a janelinha com a chave de fenda e abrira a porta do Renault. Depois, apagara a luz vermelha do freio e ligara o motor com um fio de arame. Com fita isolante e esparadrapo, pedacinhos negros e pedacinhos brancos, Pancho mudara os números da chapa: o cinco virou três, o oito virou seis, o seis virou nove.

O vento empurrava as ondas violentamente contra o cais e multiplicava o ruído da maré alta por toda a Cidade Velha. Uivou a sirena de um barco; por alguns segundos, vocês ficaram paralisados e com os nervos à flor da pele. O Gato Romero olhou o relógio. Eram duas e meia da manhã – em ponto.

Você não tinha comido nada desde o meio-dia e sentia borboletas no estômago. O Gato explicara que é melhor com a barriga vazia, e que convém também esvaziar os intestinos, porque pode entrar chumbo, e você sabe... O vento, vento de janeiro, soprava quente, como saído da boca de um forno, e todavia um suor gelado grudava a camisa em seu corpo. A sonolência paralisava sua língua e os braços e as pernas, mas não era sonolência de sono. A boca tinha ficado seca, e você sentia uma moleza tensa, uma doçura carregada de eletricidade. Do espelinho do Renault pendia um diabinho de arame, que dançava com o tridente na mão.

Depois, você não reconheceu a própria voz quando escutou-a dizer: "Se mexe, e eu te queimo", deixando cair como marteladas uma sílaba atrás da outra, nem seu próprio braço quando afundou o cano da Beretta no pescoço do guarda, nem suas próprias pernas quando foram capazes de sustentá-lo sem tremer e de correr sem perceberem que uma delas, a perna esquerda, tinha um furo calibre trinta e oito que atravessava o músculo e jorrava sangue. Você foi o último a sair, esvaziou três pentes de balas antes de se meter no automóvel em movimento e a cada curva tudo caía e levantava e tornava a cair e a levantar, os pneus mordiam as sarjetas, ficavam atrás as fileiras de árvores e as caras dos edifícios e os brilhos dos faróis; arrastados pelo vento, os pedaços do mundo se atropelavam e se confundiam e voavam em rajadas escuras. E só então, quando você ficou enrolado como um novelo, arquejando no banco de trás, descobriu, extenuado e sem assombro, que a primeira vez da violência é como a primeira vez em que se faz o amor.

Onde ela estava acontecia o verão

Onde ela estava acontecia o verão.

Pensa que soam passos na escada e prega as costas contra a parede. Prende a respiração: espera quatro golpes espaçados na porta ou uma rajada de tiros. Passam os segundos, tic-tac, tic-tac, tracatrac, enquanto sua camisa azul-claro se escurece nas axilas e as placas de plástico duro do cabo do Colt 45 vão imprimindo marcas, a pressão, contra a palma úmida de sua mão.

Em seguida suspira, com alívio, e deixa-se cair em uma cadeira. Atira a pistola na mesa e se aproxima dela, lento, como quem se aproxima de um bicho: apalpa, acaricia, pega, confirma que a pistola pesa menos que um quilo e que as sete balas dormem, limpas e ordenadas, no pente.

Não pensa na revolução, embora ache que deveria. Investiga as marcas do frio na pele eriçada. Não pensa no que será dele sem cigarros, esse pânico, nem pensa que tampouco sobrou comida para continuar esperando, nem no que fará. Se o cercassem, não poderia escapar pelos telhados nem por nenhum porão com longos túneis e corredores; está longe do último andar, e longe do andar térreo.

Este é o último cigarro que sobrou. Fuma com uma pressa que seria inexplicável, tragada após tragada, se não fosse pela urgência que sente em inundar de fumaça morna o corpo inteiro, da cabeça aos dedos intumescidos dos pés.

Queria lembrar-se do filho, mas o filho é uma mancha branca, sem feições, no fundo dos longos corredores da memória. O filho já tinha três anos quando viu o pai pela primeira vez. "Quem é este senhor?", perguntou, e ele não se animou a dizer nada, e os outros também não disseram nada, porque estar ausente – já se sabe – é estar morto.

Está encurralado, agora, entre quatro paredes mofadas, e pela janela entreaberta só se vê um pedaço de outro muro com sua baba de umidade. O ar fede a fumaça e a comida fermentada. Há quantos dias não vê ninguém? Dá um abraço em seu próprio corpo, agora, envolvido no cobertor úmido, tremendo por culpa do frio e também, embora ache errado, por culpa do medo. Tinha aprendido, tempos atrás, a ser mais forte que coisas tão fortes como a necessidade de fumar e o medo de morrer.

Olha para o paletó e a gravata, dependurados num prego na frente de seus olhos, e olha a parede, gasta pelos anos e pelo descuido, mas que ainda não foi triturada pelas balas. Olha a própria mão, ainda viva.

Olha a esferográfica entre os dedos, a necessidade de escrever alguma coisa, o papel em branco, a impotência de escrever coisa nenhuma, a tampa da caneta mordida por alguém que se chamava Lúcia. (A chuva soava como um galope contínuo de cavalos que faziam o amor até serem recolhidos por uma colherona e depois sentiam dores nos ossos durante três dias. Lúcia esperava, apoiada no tronco de uma acácia, com meias marrons até os joelhos, meias de menina de colégio, e um colar de fios coloridos cheios de nós, para lembrar-se das coisas. Lúcia se afastava, correndo, na neblina. Lúcia se desculpava: "Eu não choro nunca. Porque sou desidratada. Nunca tomo água".)

O homem desliza a língua por trás dos dentes ressecados e pensa naquele estado de graça, com Lúcia, mais contagiosa que qualquer doença, e naquela maneira secreta de saber dos acontecimentos ainda não acontecidos: aquela capacidade que tinham para recordar de antemão as horas e os dias que iam chegar, quando estavam juntos e eram invencíveis.

Conto um conto de Babalu

Uma bruma fresca, o anúncio da madrugada, vai-se desprendendo da terra e vaga, cinzenta, pelo ar. Ela passou toda a noite com os olhos abertos. Finalmente saiu do único lençol, tão suavemente como foi possível; a cama uivou, como de costume, com toda essa grita de velha louca das molas arrebentadas, mas ele não acordou. É estranho que ele continue dormindo. Realmente muito estranho que consiga. Ela olhou para ele, tomando distância; fez um longo esforço para senti-lo longe ou alheio ou não senti-lo. O ar estava um pouco frio, e ela envolveu-se na camisa dele, que encontrou tateando, caída junto a uma das absurdas patas de bronze, patas como garras, da cama. Neste casarão abandonado pelos donos, as tábuas apodrecidas são armadilhas mortais no chão ou lançam golpes súbitos no rosto dos incautos; os ratos leram e esvaziaram toda uma biblioteca de livros amarelecidos; os generais e coronéis, pintados a óleo com monóculos, bigodões e medalhas, parecem ainda acreditar em sua própria imortalidade, impávidos apesar das manchas de bolor e umidade que os deixaram aleijados ou manetas ou leprosos e já não resta nenhuma das molduras de bronze ao redor dos quadros antigos.

Ela nunca mais pisará, e sabe disso, neste lugar onde foi feliz. Este é o único tipo de perigo que realmente teme: estará proibido olhar, proibido retroceder até este tempo que agora está terminando e até esta armação de uma fazenda em ruínas. Começou a caminhar, descalça, pelo terraço, até aborrecer-se dos passos de preso, cinco, seis, ida e volta, e ficou sentada sobre a moldura da janela aberta. No dormitório há uma poltrona de monarca, com a heráldica ainda visível no encosto de caoba, mas não tem assento; sobram uma ou duas molas soltas, como de uma caixa de surpresas sem palhaço.

Ela apoia a cabeça, suavemente, contra o marco de madeira da janela. Olha em direção ao leste, lá em cima, em direção aos arvoredos que se erguem no horizonte de montanhas. O bosque se confunde ainda com o negror desafiante da noite; logo as primeiras estrias do sol partirão as sombras em pedaços e a natureza recobrará suas formas e seus limites. Ah, como gostaria de deixar-se ganhar pela pulsação da terra, lenta, lenta. Esfrega os olhos, acende o cigarro que tem há tempos apertado entre os dentes: ah, se pudesse, o pulsar da terra que dorme, sem ansiedades nem ruídos, se pudesse flutuar, fazer sua a profunda respiração da terra.

Ele continua dormindo. É estranho que durma tanto. Não se consegue nunca dormir mais do que algumas horas, e até isso é difícil, por culpa do maldito zumbido que não se apaga nunca no centro de sua cabeça. A camisa dele, aberta sobre os peitos dela, parece um camisolão de fantasma; chega até seus joelhos, ou quase. O vento sopra, em rajadas leves, e então a camisa vira vela de barquinho, e a pele dela se estremece pelo roçar do tecido: a camisa branca dele, que tem o cheiro dele e a forma do corpo dele. Ela pensa que pedirá que deixe a camisa. Não, um presente não, não quero que me dê como presente; quero tê-la, mas que continue sendo sua. Ele não a vê, não vê nada, nem ao menos sabe que pela primeira vez desde aquela vez está conseguindo dormir longamente: dormir, que festa, parece mentira.

Ele abre, finalmente, os olhos, para fechá-los em seguida. Pisca, não quer acreditar: desapareceu essa fúria de abelhas no crânio. A luz recorta o corpo dela contra o vão da janela e acende uma aura dourada que faz com que tudo fique mais baixo, ao longo do perfil de seu corpo. Está toda luminosa, do queixo erguido e do longo pescoço em arco até os joelhos onde descansa a mão com o cigarro abandonado entre os dedos. Os jasmins erguem-se ao lado do terraço. A camisa esvoaça; os jasmins balançam levemente. Ele escuta o silêncio, sente seu gosto. Ela vira a cabeça, olha-o sem sorrir. Uma suave rajada de vento empurra seu cabelo negro. É como se estivesse vendo-a a galope, a primeira vez que a viu, a galope lento, com os cabelos negros também galopando e o rosto que virou para olhá-lo, sem susto, balançando-se ao ritmo do cavalo que ele não via, por cima das pontas de lança ainda verdes do milho. Ele sim, sorri. Estivera preso pelo som; recebe o silêncio como a liberdade. Devora com os olhos esta imagem dela, brilhante de luz dourada, para imprimir este resplendor por cima de todas as outras imagens da memória: esta janela, esta boca do dia. Respira fundo, deixa-se invadir pelo intenso aroma dos jasmins. Abre a boca mas ela se adianta e, sem olhar para ele, diz:

– Já sei que você vai embora. Sei que você vai hoje, agora.

Ele se assusta. Tinha esquecido. É incrível. A voz baixa, quase rouca, da mulher soa a notícia, não a recriminação. Mas tinha realmente se esquecido? Esta mulher, esta menina: deslizava nela como por uma veia. Morde os lábios:

– Sabe? Não sinto nem um pouco a tortura do zumbido. Ia dizer isso para você. Não sinto nada. Entende o que isso quer dizer? Agora posso pensar, posso falar, posso... é como um presente!

Estava tão acostumado. Sempre despertava acossado por esse rumor intenso, insuportável. Nos primeiros tempos apertava os ouvidos com as mãos, gritava. Tinha gritado no primeiro dia, quando despertou naquela rede, com o corpo desfeito e uma dor como se todos os nervos estivessem à mostra. Depois soube que estava debaixo de uma cabana de folhas de palmeira, longe de tudo, a salvo de tudo, e que aqueles rostos nebulosos pertenciam à boa gente que o tinha recolhido, meio morto, no aterro. Foram eles que o curaram. Durante mais de dois meses, deram-lhe de beber, a água em gotas, ajudaram-no a mover-se aos poucos, cobriram sua pele, de acordo com a zona e com a ferida, com algas, unguentos e óleos vegetais. Desapareceram as chagas, os ossos se recompuseram, e os dentes, que dançavam na boca, recobraram sua firmeza. Mas ficou o mancar ao caminhar, lembranças das porradas que os soldados lhe haviam dado às toneladas, e ficou o zumbido. O zumbido o acompanhava dia e noite, às vezes muito intenso, enlouquecedor, às vezes distante e quase imperceptível, como se necessitasse dele para não esquecer as sessões de dias e noites de interrogatórios, os fios amarrados às orelhas e aos testículos ou metidos até o fundo dos ouvidos e do nariz e do rabo, as mordidas da eletricidade arrancando-lhe as vísceras aos pedaços a cada golpe na alavanca da bateria manejada por um oficial de bigodes vermelhos.

Com as mãos na nuca, ele diz:

– Talvez não seja mais que uma trégua, não sei. Mas me sinto tão bem. Tão diferente.

E diz:

– Sonhei com um pássaro gigante, que tinha uma cidade dentro. O pássaro subia e subia...

Ela move a cabeça, os olhos tristes, a boca contente. Tantas coisas que queria dizer.

– Você vai ficar doente, aí na janela.

Dizer-lhe: desde que conheço você, todos dizem que estou mudada. Dizer-lhe: quero ter você como tenho minhas mãos e minhas pernas. Dizer-lhe: já sei que para você também será difícil. Mas eu não sei o que quero nem para que nasci, para que fui feita, porque....

E simplesmente comprova, sem o menor dramatismo:

– Eu já sabia que você ia embora.

Ele franze o cenho, não diz nada. Olha para ela. Queria lambê-la, como um sorvete. Nunca havia sentido, com ninguém, o que sente com ela. Seria possível, agora, voltar a ser nada mais que a metade de alguma coisa? Será necessário arrepender-se de ter sido feliz? Ela, que nem ao menos conhece seu verdadeiro nome.

– Vou trazer café.

– Sobrou?

– Um pouco.

– Bom.

Escuta o breve ruído da cozinha, e em seguida ela regressa, precedida pelo aroma do café e os rangidos do chão, com duas xícaras fumegantes nas mãos. Sentam-se frente a frente, as pernas cruzadas, em cima da cama. Ela, que talvez pense que seu crânio vibra porque vibra e pronto. Ela, que nem sabe qual foi o lugar onde ele nasceu. Ela, que não faz perguntas. Que aceita o que ele disser: "Venho da lua". Que faz cara de quem acredita, quando ele conta: "Da lua, como aqueles índios de Zulia. Lá de cima eu via a terra, os vales verdes, as árvores cheias de frutas, uma mulher igual a você. E ficava tentado e queria vir. Então me despedi de minha gente e me pendurei por um cipó comprido, e quando eu estava quase chegando na terra o cipó arrebentou. É por isso que não posso voltar, e é por isso que fiquei assim, manco, com esta perna sempre atrasada, sempre atrás: por causa do tombo". Ela, que diz: "Mago".

– Conta um conto para mim, Mago.

Agora o dia avança como um trem desesperado. É pouco o tempo que sobra. Semana passada recebeu a notícia. Soube, além disso, dos companheiros mortos. Soube, embora já o soubesse antes, que a dor se multiplica e a alegria não. Mário. Também chamado Jacaré. Tratei de não me lembrar dele nunca, porque não queria trazer-lhe má sorte. E para que serviu isso? De que valeu?

Olha para o relógio, e ela vê quando ele olha o relógio: olha para ele com olhos opacos, apertando os dentes. Mudo, com a xícara de café vazia entre os dedos, ele escuta os minutos caminhando, sente o passar implacável da manhã rumo ao meio-dia.

Não se anima a tocá-la, nem a dizer-lhe nada. Os corpos nus nem ao menos se roçam. A cada pequeno movimento, a cama protesta, range, geme. De qualquer maneira, se ela conhecesse a verdadeira história ou a loucura dos protestos, as coisas mudariam? Como? Já não há tempo para nada. Poderia dizer-lhe: "Não é uma vingança pessoal, entende? Esta raiva coincide com a necessidade de vingança de milhões de homens, embora essa vingança não tenha ainda despertado. Entende?". Poderia explicar-lhe que os companheiros caídos aparecem na sua frente o tempo todo. Poderia dizer-lhe que é preciso nadar para não se afogar, e que não existe outra maneira de fazê-lo nem de explicá-lo. Volto a lutar contra a corrente, poderia dizer isso, embora não veja ainda a costa. Embora nunca, nunca veja a costa. Há anos estou nisso, e devo a isso todos os anos que tenho pela frente. Ou dizer-lhe qual foi meu nome, com o qual eu nasci, dar-lhe um sinal de identidade anterior a tantos passaportes falsos e a tantas fronteiras atravessadas? Para quê? Você mesma contou-me que entre os índios do Alto Orinoco é proibido mencionar os mortos: eles sim, são sábios, você disse. Não vale a pena. Nem pedir a você que me espere, embora morra de vontade de pedir, voltarei para buscar você, não deixe de me esperar, nunca, logo, quando: voltarei e...

chegarão outros homens, ela os amará: esta certeza passa por sua cabeça como uma sombra de asa de pássaro gigante, o mesmo com o qual havia sonhado. Passa por sua cabeça e dói. Calhorda – se acusa. Sente-se inútil. Tudo se faz tão difícil. Ir embora, é um dever ou um furto? Pensa: será duro partir e duro viver sem você: matar você na memória, para que não doa. Poderei? E ela, como se tivesse escutado, pensa que sente ódio dele porque ele poderá.

Ele percorre com os lábios o fio de umidade que atravessa a face dela. Sequestra seu dedo mindinho, morde, lambe e propõe: "Troco o dedo por uma história que me contaram uma vez, em uma ilha".

Como nas mil e uma noites, pensa. Trocar uma história por um novo dia de vida. Um novo dia de vida sem aqueles ruídos insuportáveis na cabeça. Um milagre. Quer dizer que Chaplin tinha razão, quando dizia que o silêncio é o ouro dos pobres. Estou salvo? Se durasse...

– Termina bem?

– Você vai ver.

– Se não terminar bem, não conte.

– Você conhece Babalu? E Olofi? Olofi é o deus mais importante de todos. Fez o mundo com as mãos. Fez também Babalu, Babalu-ayé, o negro lindo e forte de quem todas as mulheres gostam. Deus lhe disse: "Você pode fazer o amor quando quiser, Babalu". E Babalu ficou muito contente. Dava pulos de alegria. Mas também lhe disse: "Qualquer dia, menos nas sextas-feiras. Nas sextas-feiras, nada". Babalu desobedeceu-o depressa. E então Deus ficou furioso. Para castigá-lo, condenou-o à lepra. Isolaram Babalu, e Deus lhe disse: "Você merece". E o pobre Babalu se queixava, e Deus não o escutava, e o corpo de Babalu foi caindo, pedaço a pedaço.

– Não gosto dessa história. Não continue.

– Por quê?

– Sou uma boba.

– Não, não. Você já vai ver. Porque então chegou Oxum ao reino de Olofi. Oxum, você conhece? Não? É a deusa da sensualidade e das águas doces. É uma mulata pequeninha e tem os cabelos negros, ondulados e compridos, como você. Usa um vestido amarelo, como o seu, e gosta de comer fruta, como você. Também gosta de tocar tambor e tomar cerveja e rum e comer batata-doce.

– Proibido, como hoje.

– Quê?

– Hoje é sexta-feira. Não tinha percebido?

Ele ri, e ela também ri. Agora se sentem melhor.

– Então, Oxum chegou ao reino de Olofi para salvar Babalu da lepra. Ela dançou a noite inteira em volta da casa de Deus, e enquanto dançava ia regando em volta da casa com os sumos de seu corpo. Quando Deus saiu, bem cedinho, provou aquele mel e se deliciou. São tão saborosos os sumos de Oxum! Deus lambeu o chão até que não ficou nenhuma gota. E quis mais, mais. Quem trouxe esse mel tão delicioso? "Esse mel é meu", disse Oxum. E disse que, se quisesse mais, teria que perdoar Babalu. Deus se negou. De jeito nenhum, disse. Ele foi castigado porque me desobedeceu. E Oxum disse: "Babalu foi castigado porque gostava muito deste mel de mulher. E agora você, Deus, você também quer desse mel. Você também quer continuar comendo esse mel". Então Deus compreendeu tudo. Creio que foi a única vez que compreendeu tudo. E livrou Babalu de sua pena. Devolveu-lhe o corpo e a saúde. Mas impôs, claro, uma condição. Babalu curou-se da lepra mas ficou obrigado a levar todos os dias a carreta dos mortos para o cemitério. Quem for ao cemitério de manhã vai vê-lo com a carreta.

– Oxum deve ter muitos poderes – diz ela.

– Todos os poderes. Não existe nenhuma mulher que...

– Ela é sua amiga?

– Muito mais que isso. Sabe de uma coisa? Quando o deus Olofi criou as outras divindades, deu a cada uma um lápis com uma borracha na ponta, para escrever de um lado e apagar do outro. O lápis que ele deu a Oxum estava incompleto. O que ela escreve não se pode apagar. Mesmo que ela queira, não pode. O que ela faz não é possível esquecer. Nunca se pode esquecer. O que ela faz, faz para sempre.

Escutam as tosses do motor de um velho automóvel, que para junto ao portão da casa.

E ela diz:

– Agora, você vai embora.

E ele diz:

– Agora, eu vou embora.

A cidade como um tigre

Tinham chegado cedo, depois de caminhar algumas quadras, ao azar, debaixo da chuvinha fina que fazia cócegas em seus narizes.

Dave aspirou seu *Camel* sem filtro, sentiu a fumaça invadindo, cálida, seus pulmões. Voltou a pendurar sua mão direita no encosto da cadeira de Jimmy e passeou o olhar, sem vontade, pelo lugar. As tiras de plástico penduradas como baba colorida do forro de taquaras e os gordos frutos de papel irradiavam uma luz vermelha e fraca: em vez de atenuar a desolação do grande espaço aberto onde ninguém dançava, os resplendores mortiços faziam mais agudo o desamparo geral. As vibrações com ritmo de fox-trot da orquestra permanente do El Chiltepe – marimbas, rostos ossudos – pareciam procurar um lugar e não encontrá-lo entre as mesas vazias de clientes e a pista deserta.

No extremo oposto, um velho se deixava acariciar: estava a quilômetros de distância. Dave sentia explodir ao seu lado a risada de Tom, sentia que Tom batia em seu joelho com a mão, e tudo parecia ser de outro planeta. Mergulhado na neblina de cores do bar e em sua própria tristeza, Dave ergueu os ombros. Amassou o cigarro meio fumado sobre a mesinha de plástico. Pensou que seria melhor estar longe dali, metido até os cabelos na missão mais perigosa de todas, ou talvez fosse melhor estar em nenhuma parte, com ninguém. Mas será que Dave tinha nenhuma parte onde estar? Um dia, alguém tinha dito: o que nos move é um secreto desejo de morte.

Nem bem o pacote da velha cai no chão, um pacote embrulhado em jornais que cai junto à sarjeta, ela sente um choque. Às suas costas, uma voz gritou "alto". A velha não atina em virar a cabeça e fica com as mãos paralisadas na atitude do abraço. Não sente a chuva fraca saltando em seu corpo e deslizando, insidiosa, sob suas roupas, mas escuta os passos do soldado de guarda que cruza a rua, vindo da esquina oposta.

O soldado afasta-a com a arma, e ela escorrega e seus ossos vão dar no chão molhado. A baioneta destripa o pacote. Restos de comida, trapos, lixo.

A velha se levanta como pode e se mete em casa; fecha a porta com a tranca antes de começar a se queixar. Não encontra quem a escute gemer pela humilhada sorte dos pobres. A manta de Sebastian, frouxa como uma pele sem couro, está abandonada, sozinha, sobre a esteira estendida no chão, ao lado de sua própria esteira. E ela geme *ai Jesus Cristo, ele me abandonou outra vez,* geme *ai, puríssima Virgem, quanta desgraça, veja, podem matá-lo, Deus meu, cuide dele,* enquanto tremem as altas luzes das velas, *um filho meu, meu filhinho, o único, ai Jesus Cristo,* e os brilhos avermelhados lambem seu rosto, *que não penso em outra coisa que nessa sepultura, Ave Maria puríssima, estão cavando essa sepultura, ai Jesus Cristo de minhas angústias, meu filhinho, meu único filho,* e uma cortina de lágrimas separa os olhos da velha da fileira de casas vizinhas, todas iguais entre si, chatas, gastas, e que podem nada mais que serem adivinhadas na luz enevoada que a lua, prisioneira de uma nuvem, projeta sobre a cidade, ainda.

Enquanto escala a pequena encosta no *Cerro del Carmen,* Sebastian percebe que já não chove e dobra o jornal com que vinha cobrindo a cabeça. No topo, a igreja não parece, como nas tardes, um brinquedo que saltou da caixa de surpresas de um menino gigante. As nuvens se retorcem contra a negrura do céu e da igreja emana um resplendor branco e gelado.

Sebastian senta-se no paredão, com o olhar fixo, através do arvoredo, na rua deserta e levemente iluminada que abraça o morro. A brisa, que sopra suavemente, desperta rumores na folhagem. Sebastian torna a olhar o relógio, comprova que só passaram quatro minutos desde que chegou, pensa que pode ter-se enganado: responde a si mesmo que não, já passou a hora do encontro, passou há cinco minutos, e Sebastian torna a descobrir, como em outras vezes, que a suspeita de um erro no horário é melhor que outras suspeitas. Há uma semana, Medio Litro apareceu ao pé de um barranco, com um pedaço da cara devorado pelas formigas.

Os vagalumes semeiam chispas voadoras na escuridão. As sombras se movem, mais negras que a noite. Sebastian apura o ouvido. Não se distingue o ruído de passos entre o cicio das folhas e o canto das cigarras. As noites sem luz da infância no sul. O Cadejo tem cara de morcego, orelhas de coelho, cascos de bode, rouba meninas de tranças compridas e dá nós nas crinas dos cavalos: seus olhos de brasa e seu cheiro de enxofre guiam os caminhantes bêbados. Ele sorri. Será que o diabo protege os revolucionários? Coça a orelha. Marco Antonio acredita. E já não há mais Marco Antonio. Toca os botões da camisa, um por um. Havia moscas na morgue, a morte era uma tela de vidro cobrindo as pupilas de Marco Antonio e até a roupa, dura de sangue e toda perfurada, parecia ter morrido também. Marco Antonio tivera cara de índio e corpo de vulcão, uma quantidade inumerável de dentes no sorriso e dedos longos e chatos como espátulas: tinha tido vinte anos: foi parado pelas balas e continuou tendo seus vinte anos. Como Alberto. Alberto estendido com as pernas e os braços abertos. A polícia amarrou em seu tornozelo um cartão com o nome de seu documento falso. Tinha furos nas solas dos sapatos. Baixou à fossa com nome de outro.

"Nenhum deles tem idade, agora. E eu, qual a minha idade? É mais velho um homem de cinquenta que vai morrer de câncer daqui a dez anos, ou um tipo de vinte? Quero dizer: se esse tipo de vinte anos vai ser morto dentro de dez minutos." Sebastian sente que sobre suas costas existe o peso de um século. A seus pés, a cidade, silenciosa, negra, está esparsa. Algumas poucas luzes brilham, lá embaixo, como olhos amarelos. Sebastian prega as costas contra a parede fantasmagórica da igreja. Tem as mãos muito afundadas nos bolsos e o rosto erguido contra o ventinho molhado da noite.

– Meu amigo está um pouco amargurado. São os nervos – disse Tom à menina. Ela sorriu porque não entendia inglês.

Tom tinha ido com ela para uma mesa afastada e havia instalado a moça sobre seus joelhos com o movimento de um braço – não precisara do outro.

Um senhor bêbado, flutuando dentro de um smoking, piscava os dois olhos e anunciava "O Poder do Amor", pelo grande Conjunto Trinidad, senhores e senhoras, nesta noite inesquecível: os gorjeios voavam, nascidos da fileira de tabuinhas das marimbas, ondulavam no ar morno de fumaça do salão e, ao ritmo das ondas, desciam sobre a escassa plateia. Tom deslizava os dedos através dos botões da blusa apertada e confirmava uma das mais importantes diferenças entre o Caribe e a Ásia. A moça disse que se chamava Dóris e se deixava bolinar; mas, para não roubar-lhes o prazer de vencer resistências, mexia um pouco o corpo, entre uma risadinha e outra.

– Dave.

– Sim.

Dave pestanejou, como se tivesse dormido e agora despertasse em outra cidade. Liquidou de um trago o resto da água gelada cheirando a uísque que tinha ficado no fundo do copo. Acendeu outro cigarro, pausadamente, e deixou uns dólares sobre a mesa. Disse a Jimmy: "Vamos".

Tom alcançou-os antes que chegassem à saída. Passou o braço ao redor dos ombros de Dave. Dave dirigiu um olhar opaco ao desertor.

– Posso pedir para você ir? Não é nada além de um serviço de rotina. O cara... bem, você sabe. À uma, no Pan Am Bar. O cara vai dar um jeito. Entrega a mercadoria imunda e você diz que sábado que vem ele verá mais dólares do que jamais havia sonhado. Se a informação merecer, claro.

Dave abriu a cortina. A música diminuía, às suas costas. Da rua, chegava um cheiro agradável de asfalto molhado. Encarou com alívio e lástima a cidade e a noite, em silêncio. Atrás, a voz de Tom, novamente.

– Dave.

– Sim.

– Você se incomoda?

– De ir?

– Quero dizer: de eu não ir.

Virou-se para o rosto congestionado de Tom.

– Bem – disse. – É melhor você voltar, Tom.

– O que você quer dizer com isso?

– Que você deve voltar para a sua garota e ficar com ela.

– Mas o que está acontecendo com você, porra?

Então, Dave fez pose de boxeador e Tom dobrou-se agarrando a barriga. Riu.

Durante a noite, a cidade, encolhida sobre si mesma, não oferecia outra coisa que um silêncio cheio de rancor e frequentemente rasgado pelos estampidos e os ecos da violência. Quando chegasse a manhã, entrariam nela as vozes gritando *El Gráfico* e *Prensa Libre,* oferecendo frutas de todas as cores e sucos tropicais, *tortillas* cheirando a gordura. Um perfume adocicado, penetrante, andaria solto, balançando no ar, junto aos lentos redemoinhos de pó quente. Se escutaria o alvoroço dos carrinhos de lixo e o estrépito dos ônibus quebra-ossos; o colorido de caleidoscópio das roupas dos índios daria de maneira tão intensa uma aparência de alegria, que acreditar nela seria uma tentação: deixar-se enganar pelo tecnicolor de um cartão-postal tamanho gigante. Mas logo a noite cairia sobre o espetáculo, como uma cortina metálica.

Dave e Jimmy subiram, lentos, a nona ladeira. Seus passos retumbavam na calçada brilhante de chuva e transmitiam um aviso ao sistema nervoso da cidade.

O Jicaque dirige sem deixar de olhar para trás pelo espelhinho retrovisor. A trinta metros, vem o Volkswagen de Miguel Angel, com as mãos da Aliança para o Progresso pintadas nas portas. Sebastian pergunta:

– Você viu? Mário, você viu ele?

O Jicaque é magro e peludo como um morcego. Vão pela sexta avenida. O automóvel atravessa brilhos vermelhos, azuis, dourados; ainda existe iluminação em algumas lojas; dentro de meia hora, as pessoas sairão dos cinemas. A plateia de "O direito de nascer" abandonará a sala com os olhos chorosos: cada um irá diretamente para sua casa, sem alterar esse silêncio de funeral com que a cidade pressente, noite a noite, seus próximos mortos.

– Vamos agora mesmo. Não é longe.

O automóvel vira à esquerda antes de chegar ao mercado; atrás, o Volkswagen faz a mesma coisa. De repente, uma luz branca atravessa o para-brisas e cega a todos com a intensidade de cal viva. O Jicaque oprime o freio até o fundo, e a sacudida faz com que bata com o peito no volante. Reprime a tempo o reflexo de levar a mão para baixo da axila: ali, não tem agora outra coisa que a chaga deixada pelo coldre. Os três policiais se aproximam, e Sebastian sente o coração chutando o peito por dentro. O cano cheio de furinhos de uma metralhadora entra pela janela. O automóvel de Miguel Angel passa, lento, e continua seu caminho. Sebastian ordena à sua mão que tire os documentos do bolso. A mão obedece. O Jicaque brinca: "Não é dia de batizado, compadre – diz –, grandinhos do jeito que o senhor vê". O guarda olha os documentos, sorri e diz que não batizem com cachaça, que essas são coisas de Deus, e onde manda capitão não manda marinheiro.

O automóvel começa a andar novamente, e o sangue torna a circular pelas veias de Sebastian. Algumas quadras adiante, Miguel Angel espera em pé, apoiado no muro. Sebastian reconhece sua pequena figura de longe: os óculos grossos como fundo de garrafa, os dentes de coelho, a eterna pasta de couro na mão direita.

– Já vi três placas de quarenta e dois e quarenta e três mil por aqui perto – diz Miguel Angel. Melhor ir eu primeiro. Subam, se a janela do meio for iluminada.

Dave, homem de um único fósforo, fumava sem tréguas; se envolvia em densas nuvens de fumaça como uma aranha em sua teia. Ofereceu outro *Camel* a Jimmy.

O Pan American Bar tinha poltronas realmente confortáveis, dessas que dão vontade de despejar o corpo e esquecer o resto. Fazendo cruz com o balcão, alguém tocava, sem nenhuma vontade, "Be Careful, it's my heart".

Sobre o piano, uma jarra grande como um barril deixava escorrer espuma de cerveja.

Jimmy fazia comentários breves sobre qualquer assunto, primeiras palavras que morriam sem resposta, e Dave olhava um ponto fixo no ar. O uísque estava muito frio e ligeiramente ácido, como se tivesse sido deixado na geladeira antes de misturá-lo com o gelo. Um homem bebia sozinho no balcão, e um casal se apertava no extremo mais escuro do bar.

– Quanto tempo ficaremos aqui, Dave?

Dave sacudiu a cabeça: "Você pode ir quando quiser", disse.

– Não estou com sono. Quero dizer: quanto tempo estaremos neste país?

– Se dependesse de mim...

– Já sei, mas...

– Você está de férias, não é?

– Bem, até agora, na verdade...

– O quê?

– Não sei muito bem para que estamos aqui.

– Já repeti isso até o fim. Você deveria saber de cor. Nossa missão consiste em treinar nossos aliados, dar assessoria no...

– Mas concretamente...

– ...Kama Sutra: as cem posições para matar.

Jimmy sorriu. Dave olhou-o com olhos semicerrados.

– Bem, suponho que Tom poderia explicar melhor. Gritar e ensinar a gritar que somos os mais fortes e somos os melhores. Tom tem culhões e está provando isso o tempo todo, não é mesmo? Ele poderia contar a quantidade de coisas que aprendeu no campo de batalha. Poderia dizer a você: "Estive no Vietnã dois anos, três meses e seis dias, dedicado ao negócio de caçar homens e matá-los quando era necessário (e, algumas vezes, quando não era). Trabalhei junto com alguns bons tipos. Desfrutei minha cota de mulheres e provavelmente bebi mais do que o estabelecido em minha cota de bebidas. Aprendi a economizar os fundos públicos atirando vivos os presos, lá de cima, lá dos helicópteros. Aprendi a usar orelhas como amuletos".

Dave deixou cair a cinza do cigarro, pausadamente, e esvaziou seu copo. Não se ouvia mais que acordes de piano e a conversa do homem sentado no balcão, que protestava contra seu automóvel.

Dave sorriu, mas os músculos de seu rosto continuavam contraídos e a boca endurecida. Murmurou:

– Esse homem não acredita.

– Quem? – perguntou Jimmy, sem entender.

– Esse homem. Não tem a menor vontade de tocar, mas toca assim mesmo.

Em seguida, Dave falou do Vietnã. Falou e falou do Vietnã. E do irmão Tri.

Lá fora, a chuva caía com violência.

O Jicaque fuma, de costas para os outros, na janela. Miguel Angel está sentado à direita de Mário. Mário coloca o pente com suas sete balas na quarenta e cinco, ajusta o silenciador e Sebastian recebe a pistola, acaricia o gatilho, o polegar brinca com o ponto vermelho da trava. O Jicaque sorri, sem virar: na janela da frente surge um vulto.

– Ponha a roupa.

Da pasta de Miguel Angel aparece um lenço negro, cuidadosamente dobrado e passado. Há também um missal e um rosário. O selo e a numeração da pistola foram limados. Mário diz que passou vaselina no cano, mas que as balas talvez sintam falta de um banho de sol. Depois diz:

– O nome é Thomas Vaughan. É um *boina verde*. Um assassino. Veio do Vietnã. Um louro de cabelos curtinhos e costas larguíssimas. Miguel Angel vai buscá-lo para você. Já está tudo combinado.

Dave contava:

– Nos cercaram. Nos agarraram como se fôssemos ratos. Choviam balas de todos os lados. Tri estava ao meu lado com os braços abertos, e eu achei que estava morto. Também achava que eu estava morrendo. O céu era mais bonito que nunca e, apesar disso, nesse momento deixei de acreditar em Deus. Nesse exato momento Deus foi embora para sempre. Quando eu mais precisava dele, não é? É estranho. Soube de repente que tudo morreria comigo.

Dave soprou uma nuvem de fumaça que ficou quieta, como se tivesse sido amestrada, na altura de seus olhos. O pianista sumiu.

– Não sentia medo. Sentia uma insuportável sensação de perda. Descobri pela primeira vez na vida, em cada um dos pelos da costa da mão, a excitação dos poros, via besouros circulando na areia e via *as balas* – entende? – *eu via as balas* picando e levantando pó a milímetros da minha cara e me sentia nu.

Dave falava com os olhos fixos no copo. Sua voz grave, gasta pelos cigarros e pela bebida, parecia estar se revelando um segredo.

– Nos salvamos por engano – disse. – Fomos os únicos sobreviventes do grupo. E então voltamos e precisávamos convencer-nos de que estávamos *vivos*, antes de ir buscar mulheres rua abaixo. Precisávamos falar bem alto, escutar nossas vozes fortes de profissionais, depois de termos ficado sussurrando tantos dias. E encher nossas veias de álcool. E foi o que fizemos. Passamos da conta, já tinha acontecido outras vezes, mas desta vez Tri soltou a língua. Eu nunca tinha ouvido ninguém dizer aquelas coisas do *nosso* lado, compreende? Coisas que Tri dizia sobre seu país ocupado, ocupado por nós, e toda aquela corja de ladrões que era o governo. Depois, Tri desapareceu. Ficou trancado em seu quarto, esperando a polícia militar com uma faca na mão.

As palavras transmitiam eletricidade.

– Me apresentou à sua família. Comecei a sair com a irmã. A mulher mais formidável que...

A tensão da voz aliviou, os nervos afrouxaram. Dave negou com a cabeça, como respondendo a ele mesmo:

– Não tinha os cabelos cor de mel. Tinha os cabelos morenos. Os cabelos morenos compridos e brilhantes. Tinha sido posta para fora de seu emprego, no bar mais luxuoso de Saigon.

Houve silêncio. Dave fumava. Dave continuou:

– Visitava-os todos os dias. Comia com eles peixe, arroz, aqueles molhos. A família fez uma pequena cerimônia para me aceitar como irmão.

Jimmy tinha pedido mais uísque. Tinha os olhos vidrados. Dave encheu a boca com um trago gelado e manteve-o até que lhe passou o arrepio nos dentes. Dave tinha ficado quieto novamente, as mãos afundadas nos bolsos, as rugas na testa, os olhos fechados. Jimmy tinha dois copos cheios pela frente: não podia nem olhar para eles. Sentia-se dominado pela náusea, mas acima da náusea sentia-se dominado por uma espécie secreta de respeito, que não havia sentido por ninguém antes, e que era mais forte que sua necessidade de vomitar.

Dave disse:

– Bom. Havia um traidor. E era preciso matar o traidor. Isso era tudo. O major mostrou-me o traidor. Mas eu já o conhecia. Eu sabia quem era. Só faltava prová-lo. E pôr um ponto final no assunto. Pôr um ponto final no assunto de uma vez por todas.

Dave bebeu de novo, mas empurrando o copo com a mão. Os músculos do rosto se endureceram. Aspirou profundamente a fumaça do cigarro, deixou-a escapar entre os dentes apertados. As náuseas continuavam nascendo da boca do estômago de Jimmy.

– A missão seguinte foi feita para isso. Tiramos os paraquedas no meio da selva inimiga, e ele foi em uma direção e eu em outra. Mas dei a volta e surpreendi-o por trás. Vi. Era a prova. Em uma pequena clareira no meio do mato, vi quando ele entregava informação ao inimigo. Voltei e esperei. Era a hora em que o sol morria e havia o barulho de animais movendo-se e pássaros levantando voo. Ele vinha caminhando pelo mato e me viu. E continuou caminhando. Não me traíram nem minhas pernas nem meus braços. Estávamos a uns três metros um do outro, e ele olhou para mim e sorriu. Sorriu com uma tristeza irremediável e fraternal, como dizendo: "Já sei que você tem de fazê-lo", como dizendo: "Já sei por que você vai fazê-lo". Olhei minha mão fechada, e a faca estava nela, embora eu não me lembrasse de tê-la tirado da bainha amarrada em minha coxa.

Aos olhos de Jimmy, enevoados de vapores, Dave se abria em dois, tornava a fechar-se, desdobrava-se e se juntava consigo mesmo num ritmo balanceado. Aos ouvidos de Jimmy, a voz de Dave soava como um som remoto e ondulado.

– Ele mesmo o fez – disse Dave. – Poupou-me disso.

Então houve um furtivo brilho de alarma nos olhos ausentes de Jimmy.

– Aproximou-se de mim caminhando, com os braços abertos, sem tropeçar nem alterar nem um pouco o ritmo dos passos, e eu com a faca erguida na mão. O irmão Tri veio e me abraçou e fundiu-se comigo. Eu senti seus dedos crispados contra minhas costas, senti a longa lâmina que deslizava para cima, pelo ventre, e chegava ao coração. Seu corpo se estremeceu contra meu corpo e senti como tremia e a cara dele estava cravada em meu ombro. Depois caiu, deslizou ao longo de meu corpo. O sangue saía da barriga dele como uma maré. Abriu os olhos no chão. Um trejeito retorcia sua cara. Olhava como dizendo para mim: "Obrigado, filho da puta".

A mão de Dave crispou-se sobre o copo. Jimmy levantou-se. A mão de Dave quebrou o copo.

Na montanha, a gente pode tornar-se verde com os infinitos verdes das plantas, escolher qualquer uma das quatrocentas vozes do *cenzontle* e babar a baba que embaba, a baba da iguana; pode-se matar com a sombra como os *chinchintores,* ou com o olhar, como matam os *basiliscos,* contrair-se como a *sensitiva,* ante a menor advertência vinda pelo ar ou flutuar nas copas das árvores e oferecer ao inimigo frutos que adormecem: ser como o rei *quiché,* sete dias águia e sete dias tigre, sete dias serpente. A selva disfarça: a cidade despoja. Sebastian sente-se nu apesar da batina. A chuva precipita-se na frente de seu rosto; às suas costas, o Edifício Horizontal abriga, entre cristal e aço, centenas de olhos possivelmente curiosos, esconde centenas de bocas possivelmente indiscretas: centenas de possíveis inimigos. No campo, nas noites assim, as únicas testemunhas são os fantasmas que saem dos rios quando chove muito.

O Jicaque não está, agora, ao seu lado. Sebastian não escuta a voz cordial de Miguel Angel, nem tem pela frente sua figura cômica baixinha e cabeçuda como um fósforo, nem se sente guardado pela serenidade sem titubeios dos olhos de Mário. Na memória, é visitado como acontece sempre que está sozinho e em perigo – pelos mortos: um exorcismo, talvez, para conjurar o medo, a antiga magia dos feiticeiros da fraternidade contra o demônio do medo. Alberto dizia que um homem pode considerar-se virgem até que tenha matado outro homem e criado outro: matar, ter um filho. É estranho não ter matado, como é estranho não ter morrido. Sebastian queria ter duas pistolas e que o gringo escolhesse e atirassem ao mesmo tempo. Mas coloca a primeira bala, clic, na agulha.

Quando Jimmy voltou à mesa, muito pálido, com a testa banhada de suor, encontrou um desconhecido que acabava de entrar e se inclinava, solícito, sobre a mesa. Estava empapado pela chuva. Tinha óculos de vidros grossos e um sorriso agradável.

– O senhor sofreu um acidente – disse.

O sangue corria, abundante, da palma da mão de Dave.

– Se me permite... – disse o desconhecido, desdobrando o lenço.

– Não tem importância – agradeceu Dave. – Não tem nenhuma importância.

– O tenente Thomas Vaughan?

Jimmy comprovou que o homem chegava na altura de sua axila – e nada mais, apesar do chapéu. O chapéu, dobrado para baixo como um sino, escorria água da chuva. Rios de chuva. Jimmy sentia-se fraco:

– Faz um tempinho que Tom... – começou a dizer.

– Sou eu – interrompeu Dave, e levantou-se.

– Onde é que nosso amigo...?

– Na porta do Edifício Horizontal – respondeu o desconhecido, apontando para a direita –, quarta avenida, esquina com a sexta rua. A duas quadras daqui.

– Vou com você – disse Jimmy.

Dave negou, com a cabeça. Aproximou-se do balcão para pagar.

Sebastian quisera poder ver além da noite e do outro lado da chuva, seguir vendo a partir do momento exato em que o inimigo saísse do Pan American Bar: Thomas Vaughan vindo rua acima, rumo à quarta avenida, protegendo-se da chuva sob um guarda-chuva ou debaixo das marquises dos edifícios ou debaixo do seu próprio braço ou não se protegendo da chuva em absoluto, abrindo a chuva com seus grandes passos de bruto – virá, aí vem, Dave saiu do bar, entra na chuva, Dave caminha, envolvido ainda nos efeitos de sua tristeza teimosa, sem celebrar a frescura da chuva na cara e no corpo, a camisa grudada na pele, a pele empapada, a densa cortina de chuva fria se desloca, enquanto ele passa, junto com ele, sobre ele, através dele: não desconfia da mistura escorregadia de barro e graxa que está pisando, não descobre a ameaça vibrando na chuva, não adivinha que há um enigma nesse encontro ao qual ele comparece em lugar de outro: não sabe que ele está cumprindo, sem possibilidade de traição ou renúncia, com um encontro que estava marcado a esta determinada hora e neste determinado lugar – marcado para ele: Sebastian sente um arrepio que atravessa seu crânio, escorre pela nuca e pelo couro cabeludo: a história é assunto de dinâmica e de machos, dizia Marco Antonio, e Alberto, que dizia?, tantas coisas ele dizia, tantas coisas tinha para dizer, um homem nasce com uma quantidade de palavras para dizer e de coisas para fazer ao longo da vida, e Alberto tinha uma quantidade extra de palavras para dizer e coisas para fazer, e quando morreu pensei: talvez já tenha dito todas as suas palavras, feito todas as suas coisas, e me respondi que não e soube que era um crime, que um crime era exatamente isso: é ele, não é ele, Thomas não-sei-quê, não enxergo direito, se aproxima, cara de gringo ele tem, mas quer dizer que era um tipo magro, este não é, é sim, vem para cá, na certa me viu, já me viu, a doze metros, a dez; aliados piedosos como poucos, pensa Dave, aliados de batina, quem diria, isto prova que Deus está do nosso lado – não é? – a oito metros, a seis, é uma velha convicção americana; uma onda ao mesmo tempo fervendo e gélida sobe e desce pelas costas de Sebastian e Dave a cinco metros, Dave a quatro, o dedo no gatilho debaixo da batina, e oh, não tenho forças, não posso fazer isso, não posso, mãos geladas, lábios ressecados, dois metros, o terror nos olhos e boa-noite amigo e uma detonação surda da bala no segundo em que Dave se atira sobre Sebastian e outra bala e Dave se retorce e cai e Sebastian subitamente está seguro de que já tinha feito isso antes, alguma vez, ainda que não soubesse, que havia matado esse homem tempos atrás embora não soubesse e agora um cheiro acre de pólvora e sangue vai atravessando, lentamente, o cheiro da chuva.

Morrer

O corneteiro tocou a diana – o toque de silêncio – pouco antes da alvorada. Delfino chorava. Pediu que trouxessem sua mulher, mas disseram que não. Marcos tinha sido o primeiro a chegar ao pátio, escoltado pelos guardas. Perguntou: "E não veio aquele covarde do promotor? Ele não era todo macho?" Delfino abraçou o sacerdote. Os caracóis perambulavam pelo muro branco do quartel de Matomoros. (Até esse momento, Suárez tinha pensado: que me fuzilar que nada. Mas agora seus joelhos tinham afrouxado.)

Do lado de fora, um menino estava sentado de costas contra o muro, com a cabeça grudada no muro, os olhos muito abertos, não podia piscar, não sentia o frio, e ao seu lado havia um cachorro com as orelhas em pé.

Deram cigarros aos três. "Não chora, Delfino", disse Marcos. Os sacerdotes da Ordem das Mercês se despediram seis vezes.

– Não, padre – disse Marcos. – De costas, não. De frente.

Suárez achou que era melhor ajudar que lhe colocassem a venda nos olhos. As lágrimas de Delfino corriam por baixo da venda. Marcos não quis venda nenhuma. Suárez perguntou:

– Que horas são? Quanto falta?

– Cinco minutos.

Um pássaro brincava no céu escuro: abria e fechava as asas, anunciava com alegria o nascimento do dia. Eles viam o passarinho. Escutavam seu canto. Cantava como se estivesse chamando os três. Antes, na cela, Marcos quis voltar até as pessoas e os lugares aos quais pertencera, quando estava vivo; mas agora passeava os olhos pelos rostos dos soldados do pelotão, as duas filas de dez, um por um, todos iguais, e escutava gritar *pelootããão, fiiiirmes,* gritar *fiila da freeente,* gritar *joelhos no chããão,* via-os mover os ferrolhos das carabinas, os soldados a um metro e meio prontos para abrir um rombo no seu corpo, e o tempo todo se sentia longe dos soldados e longe da cerimônia e de tudo, estivera longe desde antes de xingar o promotor de filho da puta e de se plantar na frente do muro com as mãos atadas: longe, mas muito longe, muito mais além do que qualquer viagem e de qualquer tempo ou qualquer destino. Olhou para Delfino, que continuava chorando porque não entendia. Marcos tinha dito: "Os homens não choram", mas na verdade tinha querido dizer: "Os mortos não choram, Delfino". Marcos escutou gritar *apooontaaaar,* e a vida não era um jogo de sombras na parede da memória, nem era um calor de fumaça de cigarro no peito, nem era nada. Então o oficial gritou *fooogo* e houve um silêncio longo e estúpido.

Quando explodiram os tiros, todos os tiros como um único tiro, a primeira claridade do dia já se arrastava, nebulosa, na altura do chão. O oficial disse *termine,* e o cabo se inclinou sobre o corpo de Marcos. Marcos viu-o através da cortina de seus próprios cílios: viu-o pelo espaço de dois segundos, e apesar disso poderia descrevê-lo com todos os detalhes, como se tivesse olhado para ele durante anos. O cabo apertou os dentes e apontou no coração.

Os sobreviventes

Roberto quer saber quanto tempo falta para ficar louco. Joel exala um cheiro acre. Longe dali, muito ao norte da cidade, Flávia não chora. Flávia não se trancou para chorar, mas para fugir das lágrimas dos outros.

Não há luz elétrica na cela onde Roberto afunda a cara nas mãos, e é uma sorte. A noite despencou, violenta, através das grades. Roberto está banhado de suor. O calor arranca um cheiro insuportável do corpo de Joel. Assim como está, Joel parece mais alto. Ainda que a caída da noite não alivie a asfixia da umidade quente da cela, ao menos serve para bonar os rasgos do rosto desolado estendido aqui no chão, ao alcance da mão, com a mandíbula destroçada por um dos tiros. Desde que os guardas atiraram o cadáver de Joel no chão de cimento, Roberto, agachado contra a parede, não foi capaz de se mover. "Aqui deixamos teu amigo, para te fazer companhia." Tinham moído os ossos de Roberto a porradas, mas não é por isso que ele está paralisado.

Flávia não sabe onde está Joel. Reclamamos o corpo, Flávia. As vozes parecem trapos. Ela tampouco se mexeu. Há horas permanece deitada sobre o altar, com a testa afundada num buraco de pedra e os braços caídos, inertes, junto ao corpo. Sobre a cabeça de Flávia ergue-se a lança do santo guerreiro, relampejando à luz das velas que trazem calor ao ar inchado de dezembro. Atrás do cavalinho branco de São Jorge – patas voadoras, crinas flamejantes – há um porta-retratos de moldura dourada. Dentro do porta-retratos sorri, melancólico, envolvido em barba rala e fumaça de um charuto *Partagás,* o rosto de outro santo vingador muito mais atual. A maré dos murmúrios surge sem descanso através da parede de papelão, coitadinha, ave-maria, coitadinha, as orações e as queixas dos parentes e dos amigos e dos vizinhos. Flávia não quer sair, Flávia não quer ficar.

Roberto continua sentado no chão. As estrelas arrebentam no céu e Roberto não as vê, os habitantes da cidade se atropelam pelas avenidas e ele não os ouve. Os habitantes da cidade estão sãos e salvos e lembram disso uns aos outros, alguém vira porque alguém passa, cada um sente as próprias pernas no ritmo das pernas dos outros: cada formiga toca as antenas de outra formiga. Roberto escuta nada mais que o ir e vir dos passos do guarda, que não tem rosto nem responde perguntas. Escuta, também, às vezes, chiado de uma centopeia que cai do teto. Um retângulo de luz, cortado pelas sombras das barras de ferro, se projeta na parede; de tanto em tanto, é coberto pelo corpo do guarda que passa. Passou um dia. Quanto falta, Roberto? Quanto tarda um homem em ficar louco? Ontem à noite, a esta hora, Roberto estava livre, o motor se negava a responder, uma sensação de náusea subia do fundo do estômago de Roberto, e ele preferia jogar a culpa sobre os cigarros. Antes dos tiros, Joel tinha dito: "Não te desejo sorte, conspirador. Gente como você não precisa de sorte". Tinham se abraçado, e depois Joel tinha tocado com o dedo indicador a linha de vida de sua mão esquerda. Joel sempre fazia isso. Tinha uma linha de sete vidas, longa e sem rachaduras. Sorria com todos os dentes: "Coisa ruim não morre".

Fazia mais de um ano que Flávia não via Joel. Joel nunca soube que seu filho dizia *papai* para o sapato. Flávia sim, sabe que nunca inventará com ninguém o que inventara, era tanta a alegria, para Joel. Para quem, agora? Para quê, agora? Todos os quadrinhos vazios de todos os futuros calendários... Todos os dias serão quarta-feira de cinzas; dias de derrota. Um cara assim se acaba e não há substituto. Joel, que era capaz de acender o fogo com os olhos ou com as mãos. Flávia, que vai precisar, mas não vai querer esquecer. Roberto, que se pergunta se existe um jeito de defender-se da loucura, quando a loucura avança na escuridão como um gato que fede a coisa podre e tem lanternas nos olhos. Flávia quebra as unhas contra o altar de pedra e as gotas de suor despencam, lentas, das sobrancelhas de Roberto. Roberto morde os lábios até sentir o sabor do próprio sangue. Sente prazer; e alívio. E se gritasse? Esse morto está tomando meu lugar. Mas eu não sabia, Joel. Por que você não saiu? Que culpa...? Foi uma loucura ficar, Joel. O motor não pegava, Roberto triturava a chave do carro e o motor não pegava. A bateria? As velas? O platinado? Você mesmo, Joel, tinha dito que esse carro não servia. E soaram os primeiros tiros e finalmente o motor pegou, Joel, a explosão da chispa, o rumor da salvação, os quatro pistões comprimindo e libertando toda aquela força, e eu esperava você, Joel, eu esperei durante um século, os tiros estouravam na minha cabeça e eu não via ninguém, nem você nem eles nem ninguém e o pé esmagou o acelerador por conta própria, o acelerador até o fundo, e eu acreditei... Sim, eu, eu comecei a voar. Mas o motor falhava. O motor estava morrendo, Joel.

Esvaziaram nele os carregadores de várias pistolas, dessas de regulamento. Uma boa quantidade de chumbo no corpo de Joel. As balas 45 são gordas como dedos. A mão de Joel ficou crispada no cabo do revólver que já estava com o tambor vazio. Desenharam com giz os limites do corpo no asfalto. O giz escorregava. Também o crivaram os disparadores das máquinas fotográficas, os polegares dos fotógrafos nos gatilhos das *rolleys* e das *leikas*, antes e depois de que virassem o corpo e aparecesse este rosto que tinha sido tão simpático.

"Tem um homem morto ali. Tem nove furos de bala." E Flávia não desmaiou nem chorou nem nada. Recordou: "Feitiço, coisa feita... O fogo não sente frio. A água não sente sede. O vento não sente calor. O pão não sente fome". E Roberto despertou, depois do capuz e dos choques e da surra, no chão da cela, e, mesmo que não tivessem ainda trazido Joel, os olhos abertos de Joel já estariam acusando-o de continuar vivo.

Uma bala quente

Eu não tinha nem idade. Menino fui para a serra e menino vim de lá. Os guardas tinham dito ao meu padrinho:

– Escute, Tomazinho. Quer que ele dure? Não deixe que saia.

Porque eu jogava garrafas neles e o diabo e eles nos perseguiam a tiros. Todo mundo era inimigo.

E meu padrinho me disse:

– Vou mandar você para o campo, para Cárdenas.

Mas eu já tinha resolvido cair fora. Tinha resolvido com o Conde e com Baltazar. Os três nos jogávamos da amurada e como nadávamos! Por trinta centavos, que os pescadores pagavam para a gente, íamos nadando até o horizonte, com os anzóis entre os dentes. Então Baltazar arrebentou-se contra as rochas num mergulho, e só se viu dele foi o sangue que subia, nem os cabelos foram encontrados.

– Vamos para Oriente, Conde. Num caminhão de carga. Lá em Oriente sim, vamos poder inventar.

Poucos dias depois, encontramos as colinas onde estava a guerra. O acampamento se mudava o tempo todo, e os guerrilheiros andavam para lá de Minas de Huesito. E eu perguntei:

– Isso é um acampamento? E onde durmo? E o que vou comer?

E o capitão me disse:

– Mas você está pensando que vai dormir? Está achando que vai comer aqui? Aqui, o que se faz é dar tiro, e muito.

– E com quê?

– Isso você vai ter de conseguir sozinho.

E eu pensei: ui. Isso está ruim. Que ruim está isso. Que culpa tenho eu, se eles resolveram fazer uma revolução sem armas?

Fiquei encarregado de contar caminhões com outro garoto, Chavito era seu nome, que era ainda mais pequeno que eu mas muito duro, sério mesmo, já estava há um bocado de tempo na coisa. Escondidos sobre um aterro, num desvio da estrada, contávamos os caminhões do exército da ditadura. Por ali eles traziam a comida e as armas. Para Chavito era bom eu ter vindo contar caminhões, porque quando ele chegava nos treze ou catorze se perdia.

Passaram os meses nas colinas. Cada vez tínhamos mais gente. Nossa bandeira aparecia nos povoados da serra e os inimigos as descobriam nas sombras do amanhecer e não sabiam como.

Um belo dia, perto de Uvero, o capitão nos chamou e disse:

– Escuta, é preciso que vocês levem essa mensagem para a planície.

Quem levava a mensagem era meu companheiro.

– Se agarram você, já sabe: engula o papel.

Levava a mensagem debaixo de um curativo na sobrancelha. Tinham passado uma tintura vermelha embaixo do curativo. Caminhamos e caminhamos, sempre nos escondendo, e finalmente encontramos o pessoal que buscávamos. Eram três companheiros que vinham da cidade.

– Vamos entrar no monte, que aqui perto estão os de capacete e com uma bateria de morteiro.

Um dos companheiros tinha uma Baby Thompson, que tinha arrancado de um guarda. E eu apontava para o céu, isso sim é bom, não vou devolver coisa nenhuma, rapaz, uma Baby Thompson! A verdade é que os ianques são uns filhos da mãe, mas lá sim fabricam coisas gostosas, essa Thompson pequeninha e tão fácil de manejar: você mete fogo em alguém com a Baby Thompson e nunca mais ele levanta. Essa sim, transforma um animal em caçador. Eu já sabia distinguir o que é bom, entre todas as armas. Sabia que a gente não ouve os estampidos quando está combatendo, e sim o zumbido de abelha das balas que passam roçando. Sabia atirar granadas. A granada é uma coisa perigosa, que você tem de saber esticar o braço e flexionar o corpo para atirá-la medindo justo a distância, porque depois que arrancam o pino a granada choca com um mosquito no ar e pode ter certeza que acaba com você na hora. Tudo isso eu sabia. Mas nunca tinha apertado o gatilho de um fuzil. E aquela Baby Thompson! E apontava para as nuvens e as perseguia pela mira, sem pressa, e perdoava a vida das nuvens enquanto me encantava com a Baby Thompson apertada entre as mãos e contra a cara e erguia a mira, ajustava, continha a respiração, me imaginava apertando o gatilho e lançando balas quentes contra o céu com aquela maravilha e até sentia o cheiro de pólvora no ar, e então, de repente, ocorreu uma explosão, a explosão nos ouvidos, e quando tornei a abrir os olhos me disseram:

– Não ponha a mão aí, não toque nisso, você está com as tripas todas de fora.

Estava num hospitalzinho improvisado, desses de folhas de *guano* que tinham na serra. Me amarraram as mãos no jirau de madeira. Eu não me lembrava nem de meu nome, nem bem pude falar e o primeiro que me ocorreu foi perguntar pela Thompson. Estava com ela dentro do meu corpo. Tinham feito a gente voar aos pedaços com um tremendo morteiro e todos tinham morrido e a Baby Thompson tinha se metido, em pedacinhos, por todo meu corpo. Ainda tenho uns ferrinhos metidos entre os ossos. Imagine se eu teria gostado de ter aquela arma.

No hospitalzinho o único desinfetante era a gasolina dos caminhões. Esse era o cheiro que eu sentia, o cheiro de gasolina, e também o cheiro de coisa podre que me saía das feridas. Olhava para o céu e via os urubus, com suas asas abertas, dando voltas e esperando. Via suas cabeças chatas à espreita e os bicos abertos e tão perto que até pareciam estar piscando um olho para mim dizendo: "Rapaz, como você é gostoso". Eu gritava:

– Desgraçado! Vocês não vão me comer, eu não.

Estava amarrado. Não podia atirar pedras neles, nem ameaçá-los com o punho.

Estendido e amarrado, tinham que me dar comida na boca. Dia e noite eu escutava as detonações e as explosões da guerra e pensava: "Não", pensava:

– Aqui eu não fico.

Nem bem me desamarraram, eu fui embora. Fui com o Conde, que também estava ali porque tinham voado com os dedos de sua mão. Roubamos um revólver e fomos embora.

Chegamos à coluna de Raul. Nos levaram ao estado-maior e aí:

– Olha aí, uns fujões.

Nos mandaram para a retaguarda. Eu só podia manejar revólveres, e com muito cuidado. A mão estava ficando inútil, com os dedos retorcidos que cada vez me doíam mais. Com um braço arrastava o outro braço e com uma perna a outra perna. Um dos olhos já não me servia mais para piscar.

Um dia, me disseram:

– Escuta, fique sabendo que seu sócio caiu.

Quem? Como? Onde? Como estava vestido? Era o Conde, não era o Conde: era. A cara branquinha, seu cavanhaque e as costeletas muito fininhas, parecia um tipo de teatro. Tinham metido um tiro de canhão em seu peito, durante o assalto a um comboio.

Quando chegou a vitória, entrei grogue de sono dentro de um tanque. Cheguei grogue e não vi nada. Aquela gente toda, a alegria, as bandeiras: nada. Fui levado direto para um hospital, para pôr platina nas cadeiras e umas injeções na nuca para mover as pernas. Lá na serra tinham ligado mal minhas tripas, e eu vomitava tudo.

E veio a limpeza de Escambray e lá fui eu. E aconteceu o da Praia Girón, e Fidel ia em um tanque praguejando e gritando maldições. As pessoas marchavam abraçando o tanque, toda a infantaria ali, para cobri-lo, e isso era o contrário do que deveria ser. Eu via essas caras sem uso, todas aquelas crianças que não se sabia se iam para a glória ou para a morte ou para onde, e não me deixavam ir, um oficial me disse:

– Você não está em condições.

– E você, o que está pensando, que eu vim só para olhar?

E disse mais para ele:

– Filho da mãe. Quer a guerra só para você?

E com a perna boa pisava duro nesta terra.

Na confusão toda, me incorporei ao pessoal de Efigênio. Tivemos muitos mortos, porque sempre partíamos para lá das linhas. Esses vermes, dizíamos, era preciso esmagá-los bem, até acabar com eles. Eles atiravam contra nós balas teleguiadas com os Garand, a gente via as centelhas na noite, e nós avançando quatro ou cinco de cada vez e buscando aquelas chaminhas e depois não se sabia quem derrubava quem. As nossas balas eram normais, mas saíam as línguas de fogo das bocas dos fuzis, por isso era preciso pular para o lado em seguida, correndo do tiroteio de resposta. Nem bem dávamos um tiro, e eles já estavam disparando, bang-bang, e eu estendido no chão sem capacete, não sabia o que era lutar com capacete, como é que vou enfiar um capacete na cabeça, se nem sei como se faz? Os tiros deles eram verdadeiras rajadas, e os nossos eram tiros mesmo, um a um, para não desperdiçar e porque, além disso, não é nada fácil correr depois de dar tiros depressinha, sério mesmo, ainda mais se você estiver atirando há tempo e o fuzil não estiver muito limpo, o coice tremendo que ele tem, bup! bup! bup!, e que quantidade de granadas! As granadas flutuavam nos pântanos, como os mortos e as roupas. Eu me arrumava com a canhota. A mão direita já tinha virado garra. Como agora, que quando deixo cair alguma coisa, digo: esta mão de merda. Ainda que nem sempre seja culpa da mão.

Esta mão já não me acompanha. A última vez que fui ao hospital para que me fizessem uma mão de borracha, os médicos queriam cortá-la aqui pela metade. Uns queriam abrir-me por aqui, outros por este lado. Tomavam minhas medidas e discutiam entre eles o jeito que iam me cortar a mão e eu saí correndo:

– Não sou cobaia, porra!

Enquanto eu tiver uma perna para correr, nenhum médico me agarra. Já me operaram sete vezes, desde que voltei da serra. Não é bastante, para eles?

Sei que não estou bem. Qualquer dia desses caio dormindo e não acordo mais. Eu antes não sofria falta de ar, não me afogava, e agora tem vezes que fico com o pensamento em branco. Assim, como se me faltasse vida. Para a safra, não volto. Comecei a cortar cana e me amarraram. Não me deixam nem distribuir água. Uma vez fugi para colher laranjas e a ferida em minha barriga abriu, esta aqui que parece uma aranha gigante. Me agacho, e sinto a folha de um facão entrando pouco a pouco em mim.

Mas eu tenho medo que os médicos me digam:

– Você fica no hospital.

E me veja trancado e saiba que isso é o fim. Não, eu não vou nem ao dentista, eu não. É só ver os aparelhos e os médicos e toda aquela gente com curativos, que sinto arrepios. Eu morro com os pedacinhos da Baby Thompson no corpo, que, quando doem, mais que doer é como se conversassem comigo. E, se houver outra guerra, eu vou para a briga com meus pedacinhos da Baby Thompson no corpo.

Ruim mesmo, anda a mão. Dói e arde, uma vela metida aqui dentro, e às vezes esfria e o braço termina num bloco de gelo que não é meu. O ar-condicionado ataca muito minha mão. Eu gosto de ver os filmes umas dez vezes, mas no cinema tenho de meter a mão no bolso da calça e apertar com força, para dar-lhe calor e poder aguentar.

A Mariana, essa moça que é de Oriente, eu falei de ir ao cinema, e ela me diz:

– Agora não posso, porque estou trabalhando. Mas olha, amanhã sim.

E então acontece que amanhã quem não pode ir sou eu, porque sou eu quem está trabalhando e não vou chegar para o administrador e dizer:

– Hoje não trabalho porque vou ao cinema.

Imagine só.

– Escuta, mas em que país você acha que está vivendo?

De vez em quando fico louco por causa da Mariana, a vontade de dizer para ela duas ou três coisas do muito que gosto dela, mas chego até onde está e fico mudo.

– Você ia me dizer alguma coisa. Você tinha algo para me dizer.

E eu mudo de assunto.

Sei que tem uns sapos com os olhos vidrados na menina, e eu: eu sou medroso. E, mesmo assim, ela me dá uma atenção especial. Mas eu penso: e se eu falhar? E se ela não quiser nada comigo?

A última vez que me operaram, eu estava mal mesmo. Queria morrer porque a morte era o fim da dor que eu sentia. E fechava os olhos e via Mariana parada aos pés da cama, com as mãos apoiadas na grade de ferro, e ela me dizia: vim, viu só?

– Soube que você estava doente. Não me pergunte como, mas eu soube.

E então ela fechava as mãos contra a grade de ferro e seus dedos ficavam brancos:

– Vim para dizer que te quero.

Eu fechava os olhos e pensava nessa alegria.

Tenho certeza de que, quando disser a ela, ela vai dizer:

– Mas por que você não me falou antes?

Deve ser a falta de coragem. Mas amanhã, eu falo. Falo mesmo. Ou na segunda-feira. Segunda-feira, sem falta, eu falo. E agora mesmo vou passar pelo trabalho dela. Que horas são? Para ver ela. Para fazer uma graça e esperar sua risada.

A paixão

Já não tinham lembranças para dividir, nem piadas para contar nem vontade de cavar túneis ou ficarem invisíveis ou atravessar os muros A cadeia tinha se transformado em costume, e a liberdade consistia, agora, em perambular pelo pátio de baixo durante o tempo permitido, os homens sós ou em pequenos grupos, dando pulinhos contra o frio, sem falar nada, torcendo de vez em quando o pescoço para perseguir as nuvens que, lá em cima, lá longe, também caminhavam. Mas as nuvens caminhavam para onde o vento de inverno as levava.

Uma manhã, o garoto Oscar veio com a notícia. Ele tinha sido agarrado: "É um dos chefes. Alguém o entregou". Do quarto andar brotou, de repente, o estrépido de uma música da moda, *obrigaaado, senhoor, pelas estreelaas,* o rádio chiava, *obrigaaado, senhor, por mais uuum diia,* e todos os presos do pátio de baixo olharam para a janela dessa cela do quarto andar, e *uuumma veez maaaaais, obrigaado senhoor,* e em seguida se olharam uns aos outros, longamente, *tuuudo, tuudo vai melhoor, bem melhoor com cooca-coooola,* o interrogatório havia começado, *atlaaantic serviço nota deeez,* eles sabiam, *sóó esso dáá ao seu carro o mááximo,* e pararam as orelhas para distinguir o uivo de uma voz humana através da salada de avisos e música, mas não, era só um cantor qualquer que gritava: *não queeero nuuuunca maaais amaaar.*

Estavam ali porque não havia lugar. O garoto Oscar estava esperando, como todos os outros, a transferência de uma cadeia a outra. Faltavam ainda onze anos para que saísse, e contava os dias. O garoto Oscar estava preso em lugar de outro, ou pelo menos tinha achado isso no começo, e tinha aprendido, com o tempo, a não protestar. O garoto comentou, erguendo os ombros: "Este é um dos líricos. Não roubam para eles". Disse que o conhecia dos velhos tempos, de antes da fuga, e que era um homem que falava pouco. Imaginava-o, agora, de costas contra o chão gelado, com uma venda sobre os olhos ou um capuz embolorado amarrado ao pescoço, nu, os braços em cruz e as pernas atadas às estacas, surdo à música que os atordoava e surdo às vozes dos homens que apagavam cigarros contra a sua pele.

Mas desta vez, vai cantar, pensou o garoto Oscar. "Não vai aguentar. Todos cantaram. Já não é como antes." O garoto Oscar, abraçado a si mesmo, massageava as costelas para se esquentar e olhava, para não pensar, os malabarismos que Sapato Usado fazia com quatro moedas no ar.

Ao entardecer, no corredor que levava ao banheiro, o garoto Oscar cruzou com o Zorro. O Zorro, antes, tinha vivido bem, injetando chá em garrafas de puro uísque escocês. O Zorro comentou que este era um dos últimos importantes que tinham ficado de fora, e que o movimento estava desfeito: "Nem eles se acreditam mais". O Zorro sabia; ele lia os jornais. Havia coisas que os jornais não publicavam, mas o Zorro tinha experiência: os golpes na nuca como lâminas de navalha e nos rins como balas de canhão e nos ouvidos como um estalo de granadas, as perguntas e os insultos, as investidas contra o fígado: vai cantar ou vai morrer? Sabia que já estavam havia nove horas nesse assunto. "Vinham com a maquininha de choque e era como se arrancassem o meu braço."

Na manhã seguinte, no pátio, o garoto Oscar perguntou, e o Zorro respondeu:

– Até agora, nem o próprio nome.

Sapato Usado os escutava como quem ouve chover. Sapato Usado não falava nunca e os outros achavam que era filho de um palhaço de circo: mantinha suas moedas dançando no ar e isso era tudo que fazia, a única coisa que sabia fazer, brincar com as moedas durante todo o dia e também durante as muitas noites que passava sem dormir. Se alguém contasse para ele o que sua memória se negava a recordar, teria falado do pesadelo de ser uma bola chutada por várias botas e a carne arrancada aos pedaços pelas mordidas da eletricidade no pescoço, nas axilas, no chamado ventre, e então, esse alguém teria dito a ele, você procurou uma gilete para abrir as veias e bebia o próprio mijo e lambia o lodo do chão da cela e quando abriram a porta você olhou para eles e disse: "Estou morto", mas tudo recomeçou, Sapato Usado, novamente. Até que uma noite, esse alguém contaria, você se arrastou até o banheiro e abriu a torneira e em vez de água saíam gritos e levaram você para o hospício.

Jorge Martínez Dias ou Eusébio Sosa ou Julián Echenique (também conhecido como Pouca Roupa), que tinha estrangulado uma bicha velha com uma meia de seda, comentou em voz baixa: "Deve ter desmaiado. Tem que ter desmaiado". Sapato Usado estava junto e sorriu: não entendia nada. E Pouca Roupa, entendia? Pouca Roupa pensava que já tinham sido vinte quatro horas seguidas de tratamento no quarto andar e pensava que aquele cara já deveria ter passado os limites, porque tem de haver um limite, e este cara não pode continuar calado além desse limite, porque, além do limite, pensava Pouca Roupa, o cara diz o que querem que ele diga, fala de pessoas que nem conhece, troca seu pai ou seu irmão por uma trégua.

Durante a segunda noite, depois que desligaram o rádio, os presos de baixo esperaram, em vão, uma voz nova que sacudisse as paredes, entre os gritos roucos de sempre que noite a noite diziam: me bateram, estou sem roupa, morro de frio. filhos da puta, me arrebentaram.

"Se acabou", pensavam. Houve quem imaginou a comunicação oficial, a tentativa de fuga, ou o suicídio por um pulo de mais de quatro metros de altura, mas muito antes da madrugada foram despertados novamente pelo rádio a todo volume, música de dança, *eeera aqueele cheeiro de saudaaaaaade,* ressoando pelo corredor, *quee me traaz você a cada instaaaante,* atravessando as paredes, *caboooclo,* escorrendo pelos pátios, *êêêêta cafezinho booooooom,* e metendo-se nas celas e nos calabouços, embora não fosse exatamente o barulho do rádio o que tinha aberto os olhos de todos e os manteriam abertos pelo resto da noite.

– E? – se perguntaram, na terceira manhã.

– Dizem que continua mudo.

– Dizem que tirou o capuz e cuspiu na cara deles.

– Dizem que deu risada.

Este homem está louco, pensou o negro Viana. O negro Viana tivera o braço forte e tivera um inimigo: acabara com ele, com uma única punhalada deixara-o pregado na carroceria de madeira de um caminhão: o homem ficara pendurado no caminhão, com os olhos abertos de assombro e um cabo de punhal duro em seu peito e os pés balançando no ar. O negro Viana achava que a política acaba enlouquecendo as pessoas, por melhores que sejam essas pessoas. Tanta confusão por causa da política. O negro Viana pensava que o cara achava que ia morrer: pensava que o cara pensava nos outros, os que tinham soltado a língua, tinham apertado a ponta de um lápis no peito deles, e eles venderam o melhor amigo, me venderam, me entregaram, e então, pensava o negro Viana: Vale a pena? Para quê?

Ao seu lado, olhando para os próprios sapatos, o garoto Oscar comentou:

– Esse cara... não sei não.

– Esquisito, não é?

– Sei lá.

– Estou querendo que ele morra, para que parem de encher o saco.

O rádio continuava: *meeu coraçããão, não sei porquêêê, baaaate feliiiiz.*

O Zorro estava bem-informado.

– Mas não disse nada? Nada?

– A cara dele está o dobro do tamanho.

Todos rodeavam o Zorro, e ele garantia que daquela cela do quarto andar não tinha saído nenhum preso, mas ninguém acreditava nisso. Olhavam para as grades que guardavam aquela janelinha fechada de onde vinha o barulho, o muro cinzento e muito alto escorrido de umidade, e mais acima o céu que ia mudando de cor e ia mudando as sobras de lugar.

– Era um lindo garoto. Parecia bem-nascido.

E se está morto, pensavam, porque continuam batendo nele?

A quarta manhã nasceu nublada. Os presos do pátio de baixo se apertavam uns contra os outros disputando o raio de sol que abria caminho, aparecia e desaparecia, através dos fiapos de nuvens do céu de chumbo.

Então, trouxeram-no. Sem roupas.

Trouxeram-no arrastado e deixaram-no contra a parede. Puseram-no de costas contra a parede e ele escorregou e ficou deitado no chão, com a cabeça contra o ombro: sem ossos, um boneco de trapo, um judas pronto para a malhação de aleluia.

Primeiro, foi o espanto. Olhavam para ele e continuavam, mudos, sem acreditar. Olhavam para ele de uma certa distância, e ninguém se mexia. Ele não era mais que um montinho de pele, todo cor de violeta por causa das manchas e do frio, sem forças nem para tremer.

Finalmente, se mexeu. Apoiando-se nas costas e nos cotovelos, tratou de se erguer e caiu. A cabeça caía de lado, pendurada, balançando como se tivessem arrebentado sua nuca.

Várias vezes quis levantar e várias vezes ficou caído, mas cada vez as costas avançavam um pouco mais da parede acima; cada vez eram mais altas as manchas de sangue que ia deixando.

Ninguém se animava a ajudá-lo porque ninguém pode sentir pena de um cara assim, e uns tinham vontade de abraçá-lo mas não sabiam como se faz para abraçar um cara assim. Havia um músculo secreto dentro daquele cara: o músculo secreto tinha despertado e se contraía e se esticava lutando a um ritmo furioso e erguendo-o contra a morte, contra a puta morte: os poros tinham-se aberto como bocas, e a transpiração vinha aos borbotões, e era assustador que a transpiração pudesse mais que o ar gelado de uma manhã de inverno dura como esta, e era assustador que ainda lhe restasse suco para largar.

Antes do meio-dia, ficou em pé. Ficou lá, contra a parede, com as pernas abertas e o queixo caído contra o peito.

Foi levantando, pouco a pouco, a cara. Pôde entreabrir, aos poucos, os olhos inchados, enquanto apertava os dentes num trejeito de dor. Não balançava mais. Os minutos se esticavam como elásticos.

Percorreu com os olhos a fila de presos que olhavam para ele sem pestanejar, cada um colado à sua própria sombra. Olhou para eles que o olhavam, calados e distantes, a cara torcida e a cor do sangue seco. Todos olhavam sua cara, como esperando alguma coisa. Quis falar e o coração deu um salto e atravessou-lhe a garganta. Mas finalmente pôde gritar: "Companheiros!", com uma voz quebrada, e caiu.

Algumas noites depois, no hospital militar, uma moça aproximou-se da última cama, onde ele estava. Não havia nenhum enfermeiro na sala, e os guardas estavam adormecidos na porta, com os fuzis sobre os joelhos.

A moça, inclinada, sussurrava perguntas em seu ouvido. Ele respondia com os olhos, pequenas fendas abertas entre os bolos inchados do rosto, e todas as imagens de tudo que havia ocorrido se sucediam nos olhos dele e a moça ia vendo elas passarem, como num filme. Os olhos eram tudo de vivo que sobrava nele.

OUTROS CONTOS

A garota com o corte no queixo

1

O temporal a trouxe.

Veio do norte, atravessando o vento, no carro do velho Matías. Eu a vi chegar, e minhas pernas afrouxaram. Estava com uma tiara vermelha e os cabelos revoltos por causa das rajadas do vento arenoso.

O tempo andava nos maltratando. Uma semana antes vimos que a tormenta estava chegando, porque o sul estava escuro e as franjas das nuvens corriam no céu como brancas caudas de éguas, e no mar os golfinhos saltavam como loucos: a tormenta veio, e ficou.

Era novembro. As fêmeas dos tubarões chegavam para parir na costa: esfregavam o ventre contra a areia do fundo do mar.

Nestes dias, quando a tormenta dava uma trégua, os cavalos percherões levavam as lanchas para além da rebentação e os pescadores se lançavam mar adentro. Mas o mar estava muito agitado. Os molinetes giravam e as redes subiam numa confusão de algas e porcarias e com uns poucos tubarões mortos ou moribundos. Perdia-se tempo desenredando e cerzindo os tremalhos. De repente o vento mudava, acometia brutalmente pelo leste ou pelo sul, o céu se carbonizava, as ondas varriam o barco: havia que virar a proa em direção à costa.

Três dias antes de ela chegar, um barco tinha virado, traído pela ventania súbita. A maré tinha levado um pescador. E não o tinha devolvido.

Estávamos falando deste homem, o Calabrês, e eu estava de costas, inclinado contra o balcão. Então me virei, como se tivessem me chamado, e a vi.

2

Esta noite contemplamos juntos, encostados na janela aberta de minha casa, o brilho dos relâmpagos iluminando os ranchos do povoado. Esperamos juntos os trovões, a rebentação da chuva.

– Você sabe cozinhar?

– Faço alguma coisa, sim. Batatas, peixe...

Debruçado à janela, sozinho, eu passava as noites acariciando a garrafa de gim e esperando que viessem o sono ou os doentes. Meu consultório, com piso de terra e lâmpada à querosene, consistia em uma cama turca e um estetoscópio, um par de seringas, bandagens, agulhas, fio de cerzir e as amostras grátis dos remédios que Carrizo me mandava, de vez em quando, de Buenos Aires. Com isso, mais os dois anos de faculdade, eu dava um jeito de costurar homens e lutar contra as febres. Em minhas noites de tédio, sem querer, desejava alguma desgraça para não me sentir inteiramente inútil.

Rádio eu não escutava, porque ali na costa corria o risco ou a tentação de topar com alguma emissora de meu país.

– Não vi nenhuma mulher neste povoado. Desistiu disso também?

Eu dormia sozinho em minha cama de faquir. Os elásticos do colchão tinham atravessado a malha e as pontas das molas de arame assomavam perigosamente. Tinha que dormir todo encolhido para não me machucar.

– Sim – respondi, me fazendo de engraçadinho. – Para mim acabou a clandestinidade. Já não tenho encontros clandestinos nem com mulheres casadas.

Calamo-nos.

Fumei um cigarro, dois.

Afinal, perguntei a ela para que tinha vindo. Me disse que precisava de um passaporte.

– Ainda os faz?

– Pensando em voltar?

Disse-lhe que, estando as coisas como estavam, isso era pura estupidez. Que não existia o heroísmo inútil. Que...

– Isso é assunto meu – disse-me. – Perguntei se ainda os faz.

– Se for preciso.

– Quanto tempo leva?

– Para os outros – disse-lhe –, um dia. Para você, uma semana.

Ela riu.

Nesta noite cozinhei com vontade pela primeira vez. Fiz para Flavia uma corvina na brasa. Ela preparou um molho com o pouco que havia.

Lá fora chovia a cântaros.

3

Tínhamos nos conhecido na época do estado de sítio. Precisávamos caminhar abraçados e nos beijar quando qualquer pessoa de uniforme se aproximava. Os primeiros beijos foram por razões de segurança. Os seguintes, pela vontade que tínhamos um do outro.

Naquele tempo, as ruas da cidade estavam vazias.

Os torturados e os moribundos diziam seus nomes uns aos outros e roçavam-se com as pontas dos dedos.

Flavia e eu nos encontrávamos em lugares diferentes a cada vez, tomados de horror com os minutos de atraso.

Abraçados, escutávamos as sirenes das patrulhas e os sons da passagem da noite ao amanhecer. Não dormíamos nunca. De fora chegavam o canto do galo, a voz do leiteiro, o barulho das latas de lixo, e então tomar o café da manhã juntos era muito importante.

Nunca nos dissemos a palavra *amor*. Isso se insinuava de contrabando quando dizíamos: "Está chovendo", ou quando dizíamos: "Me sinto bem", mas eu teria sido capaz de romper-lhe a memória a balaços para que ela não lembrasse nada de nenhum outro homem.

– Um dia, talvez – dizíamos –, quando as coisas mudarem.

– Vamos ter uma casa.

– Seria lindo.

Por algumas noites pudemos pensar, aturdidos, que se lutava para isso. Que as pessoas se empenhavam para que isso fosse possível.

Mas era uma trégua. Logo soubemos, ela e eu, que antes disso iríamos nos esquecer ou morrer.

4

O céu amanheceu límpido e azul.

Ao entardecer vimos, ao longe, pontinhos que cresciam, os barcos dos pescadores. Voltavam com os porões repletos de tubarões.

Eu conhecia essa agonia horrível. Os tubarões, estrangulados pelas brânquias, revolviam-se contra as redes e lançavam mordidas cegas antes de caírem empilhados.

5

– Aqui ninguém vai te encontrar. Fica. Até que as coisas mudem.

– As coisas mudam sozinhas?

– O que você vai fazer? A revolução?

– Sou uma formiguinha. As formiguinhas não fazem coisas tão grandiosas como a revolução ou a guerra. Apenas levamos folhinhas ou mensagens. Ajudamos um pouco.

– Folhinhas, pode ser. Algumas plantas sobraram.

– E algumas pessoas.

– Sim. Os velhos, os milicos, os presos e os loucos.

– Não é bem assim.

– Você não quer que seja bem assim.

– Estive muito tempo fora. Longe. E agora... agora estou quase de volta. Pertinho, bem em frente. Quer saber o que sinto? Aquilo que os bebês sentem quando olham para o dedão do pé e descobrem o mundo.

– A realidade não se importa nem um pouquinho com o que você sente.

– E por isso vamos ficar chorando pelos cantos?

– Seis vezes sete dão quarenta e dois, e não noventa e quatro, e já está furiosa: "Quem foi o filho da puta que andou mudando os números?".

– Mas... me conta como é que se derruba uma ditadura? Com flechinhas de papel?

– Não sei como.

– Se derruba daqui? Por controle remoto?

– Ah, sim. A heroína solitária procura a morte. Não, não é machismo pequeno-burguês, é femismo.

– E você? Pior, é egoísmo.

– Ou covardia. Diz logo.

– Não, não.

– Me chama de irresponsável. Me chama de desertor.

– Você não entende, *flaco*.

– Você é que não entende.

– Por que reage assim?

– E você?

– Já sei que não precisa provar nada. Não seja bobo.

– E, no entanto, você me disse que...

– Você também me disse. Vamos começar de novo? Tá. Eu agi mal.

– Me desculpa.

– Seria uma estupidez brigarmos nestes poucos dias em que…

– Sim. Nestes poucos dias.

– *Flaco*.

– O que?

– Sabe de uma coisa, *flaco*? Estamos todos sem pai nem mãe.

– Sim.

– Todos. Sem pai nem mãe.

– Sim. Mas eu gosto de ti.

6

Íamos visitar o Capitão.

Em terra, o Capitão estava sempre como que de passagem. Sua verdadeira residência era o mar, na embarcação *Forajida*, que se perdia longe do horizonte nos dias bons.

Tinha erguido uns toldos entre os carvalhos, para os dias ruins, e ali ficava tomando mate, à sombra, rodeado por seus cães magros e pelas galinhas e porcos criados como Deus manda.

O Capitão tinha músculos até nas sobrancelhas.

Nunca havia escutado uma previsão do tempo nem consultado uma carta de navegação, mas conhecia aquele mar como ninguém.

Às vezes, ao entardecer, eu ia até a praia para vê-lo chegar. Via-o de pé à proa, com as pernas abertas e os braços na cintura, aproximando-se da costa, e adivinhava-lhe a voz dando ordens ao timoneiro. O Capitão vinha chegando, à beira da onda brava; ele a montava quando queria, cavalgava-a, domava-a, fazia-se levar suavemente até a costa.

O Capitão fazia o que sabia, e o fazia bem, e amava o que fazia e o que havia feito. Eu gostava de escutá-lo.

Se o norte foi perdido, pelo sul anda escondido. O Capitão me ensinou a pressentir as mudanças de vento. Também me ensinou por que os tubarões, que não têm marcha a ré nem outro olfato que não seja o do sangue, enredam-se nos tremalhos, e como as corvinas negras comem mexilhões no fundo do mar, de barriga para baixo, cuspindo as cascas, e como as baleias fazem amor nos mares gelados do sul e assomam à superfície com as caudas enroscadas.

Tinha percorrido muito mundo, o Capitão. Escutá-lo era como empreender uma longa viagem ao revés, saindo do destino ao porto de partida, e pelo caminho aparecia o mistério e a loucura e a alegria do mar e de vez em quando, raramente, também a dor muda. As histórias mais antigas eram as mais divertidas e eu imaginava que, quando jovem, antes das feridas de que pouco falava, o Capitão tinha conseguido ser feliz até mesmo nos velórios.

Enquanto conversávamos, chegavam aos toldos do Capitão o rumor de uma serra infinita e os mugidos das vacas no tambo, e também as marteladas do sapateiro amaciando couros sobre a chapa de ferro que segurava entre os joelhos.

Me falava da minha cidade, que conhecia bem. Ou melhor, conhecia o porto, e a baía, mas sobretudo as ruelas da baixada e os bares. Me perguntava por certos cafés e arcadas e eu lhe dizia que tinham desaparecido e ele se calava e cuspia fumo.

– Não acredito nestes tempos de agora – dizia o Capitão.

Uma vez me disse:

– Quando as paredes duram menos que os homens, as coisas não andam bem. Em teu país as coisas não andam bem.

Também falava do passado daquele povoado de pescadores, que tinha conhecido sua época de glória quando o fígado do tubarão valia seu peso em ouro e os marinheiros passavam as noites de temporal com uma puta francesa em cima de cada perna, mais algum anão abanando e os violeiros cantando coplas de amor.

Desde o início, olhou para Flavia com desconfiança.

Franziu o cenho e lhe falou baixinho, para que eu não ouvisse.

– Quando este homem chegou aqui – mentiu, apontando para mim – ele mesmo matou o cavalo que o trouxe. Matou o bicho com um tiro.

7

Em plena noite fomos despertados pelas batidas e pelos gritos. Por pouco não me derrubam a porta.

Saímos voando, Flavia e eu, até a casa do manco Justino. Levei o que pude.

Anos atrás, um tubarão-tigre havia arrancado o braço de Justino. O tubarão tinha se virado enquanto ele o estava desenredando. Eu conhecia pouco a Justino, mas isso todo mundo sabia.

No rancho, a lâmpada à querosene cambaleava.

A mulher do manco urrava com as pernas abertas. Tinha as coxas inchadas e de cor violeta.

Na pele esticada se via uma selva de pequenas veias.

Pedi a Flavia que fervesse água numa panela. Mandei o manco – que andava muito nervoso e aos tropeços – esperar lá fora.

Um cachorro veio se esconder embaixo da cama e tirei-o de lá aos pontapés.

Me lancei com tudo ao ventre da mulher. Ela urrava como um animal, urrava e xingava, não aguento mais, dói muito, caralho, vou morrer, fervendo de suor, e a cabecinha já aparecia entre as pernas mas não saía, não saía nunca, e eu fazia força com o corpo inteiro e nisso a mulher acertou um golpe numa viga de madeira que quase botou a casa abaixo, e lançou um grito longo e agudo.

Flavia estava a meu lado.

Fiquei paralisado. A bebezinha tinha saído com duas voltas do cordão enroscadas no pescoço. Tinha a cara roxa, era puro inchaço, sem traços definidos, e estava toda oleosa e envolta em merda verde e sangue e trazia a dor no rosto. Não dava para ver sua fisionomia mas sim a dor em seu rosto, e acho que pensei: "Pobrezinha", pensei: "Já, tão cedo".

Eu tremia da cabeça aos pés. Quis segurá-la. As mãos me faltaram. Ela escorregou.

Foi Flavia quem desenroscou o cordão. Atinei, não sei como, a fazer um par de nós bem fortes, com uma cordinha qualquer, e com uma lâmina cortei o cordão de uma vez só.

E esperei.

Flavia a mantinha no ar, agarrada pelos tornozelos.

Dei uma palmadinha em suas costas.

Passavam os segundos.

Nada.

E esperamos.

Acho que o manco estava na porta, de joelhos, rezando. A mulher gemia, se queixava com um fio de voz. Estava longe. Esperávamos, e a menininha de cabeça para baixo, e nada.

Bati em suas costas outra vez.

Aquele cheiro imundo e adocicado estava me deixando enjoado.

Então, de repente, Flavia abraçou a cabeça da criança e a levou à boca e a beijou violentamente. Aspirou e cuspiu e de novo aspirou e cuspiu crostas e muco e baba branca. E por fim a menininha chorou. Tinha nascido. Estava viva.

Flavia a passou para mim e eu a banhei. As pessoas entraram. Flavia e eu saímos.

Estávamos exaustos e atordoados. Fomos nos sentar na areia, junto ao mar, e sem dizer nada nos perguntávamos: "Como foi?", "como foi?".

E confessei:

– Nunca tinha feito isso. Não sabia como era. Para mim foi a primeira vez.

E ela disse:

– Para mim também.

Apoiou a cabeça contra meu peito. Senti a pressão de seus dedos afundando-se em minhas costas. Adivinhei que tinha lágrimas presas entre as pestanas.

Pouco tempo depois, perguntou, ou se perguntou:

– Como será ter um filho? Um filho da gente mesmo.

E disse:

– Eu nunca vou ter.

E depois veio um marinheiro, de parte do manco, perguntar a Flavia qual era o seu nome. Precisavam o nome para o batismo.

– Mariana – disse Flavia.

Me surpreendi. Não disse nada.

O marinheiro nos deixou uma garrafa de grapa. Bebi do bico. Flavia também.

– Sempre quis me chamar assim – ela disse.

E me lembrei que esse era o nome que aparecia no passaporte que eu estava fazendo – lento, lento – para que ela pudesse partir.

8

Submergi as fotos em chá, para envelhecê-las. Apaguei letra por letra com uns ácidos franceses que tinha guardado. Passei fluido para isqueiro sobre a impressão digital e depois uma borracha macia e uma borracha para tinta. Alisei as folhas com ferro morno. O passaporte ficou nu. Eu o fui vestindo, aos poucos. Copiei selos e assinaturas. Depois esfreguei as folhas com as unhas.

9

O fim do ano estava chegando. Flavia estava ali há um mês. A lua nasceu com os cornos virados para cima.

Longe, nem tão longe, alguém praguejava, alguém se quebrava, alguém ficava louco de solidão ou de fome. Bastava apertar um botão: a máquina zumbia, crepitava, abria as mandíbulas de aço. Um homem conseguia ver seu filho preso depois de muito tempo, através de uma grade, e só conseguia reconhecê-lo por causa dos sapatos marrons que lhe tinha dado de presente.

– Diga a esses cães que se calem.

Flavia se sentia culpada de comer comida quente duas vezes por dia e por ter abrigo no inverno, e liberdade, e me disse:

– Diga a esses cães que se calem. Se eles se calarem, eu fico.

10

Dormimos tarde e acordei sozinho.

Me servi de gim. Minhas mãos tremiam.

Apertei o copo. Com força. Quebrei-o. Minha mão sangrou.

11

Mais ou menos um mês depois Carrizo chegou. Custou a me contar. Não quis saber detalhes. Não quis guardar dela a memória de uma morte repugnante. Assim, me neguei a saber se a tinham asfixiado com um saco plástico ou numa piscina de água e merda ou se tinham arrebentado seu fígado aos pontapés.

Pensei no pouco que tinha durado para ela a alegria de se chamar Mariana.

12

Decidi ir embora com Carrizo, ao amanhecer.

O velho Matías, que era um guia, preparou os cavalos para nós. Nos acompanharia.

Me esperaram do outro lado do arroio. Fui me despedir do Capitão.

– Não vai me deixar lhe dar um abraço?

O Capitão estava de costas. Ouviu minhas explicações. Abriu a janela, investigou o céu, farejou a brisa. Era um bom dia para navegar.

Esquentou água para o mate, calmamente. Não dizia nada e continuava de costas para mim. Tossi.

– Anda – me disse, por fim, com a voz rouca. – Anda de uma vez.

– Vamos queimar a sua casa – me disse – e tudo que for seu.

Montei e fiquei esperando, sem me decidir.

Então ele saiu e deu com o rebenque nas ancas do cavalo.

13

Andávamos a trote largo e pensei nesse corpo terno e violento. Vai me perseguir até o final, pensei. Quando abrir a porta vou querer encontrar alguma mensagem dela, e quando me atirar para dormir em algum chão ou cama vou escutar e contar os passos na escada, um por um, ou o ranger do elevador, andar por andar, não por medo dos milicos mas sim pela vontade louca de que esteja viva e volte. Vou confundi-la com outras. Vou procurar seu nome, sua voz, sua cara. Vou sentir seu cheiro em plena rua. Vou me embebedar e não vai me servir de nada, pensei, e soube, a não ser que seja com a saliva ou as lágrimas dessa mulher.

Cinzas

1

Era meio-dia, mas rapidamente foi-se fazendo noite. O temporal de Santa Rosa estava prestes a desabar, com hora marcada. Alvoroçadas nos telhados, as cigarras anunciavam chuva. Talvez impedido por essa súbita escuridão, Alonso não o viu chegar, ou então porque ele amarrou seu barco no ancoradouro quando Alonso estava de costas, trabalhando no forno de pão. Também não o ouviu, pois ele havia chegado em silêncio, deslizando pelo rio. Remava lentamente, em pé no barco, com dignidade de cavalheiro.

Alonso estava tirando as brasas do forno com uma pá, jogando-as no carrinho de mão. Teresa tinha preparado os pães com o bom fermento e as tortas, recheadas de torresmo. Os músculos das grandes costas de Alonso contraíam-se a cada movimento que ele fazia com a pá. O esplendor das brasas lambia a sua pele e sua transpiração se iluminava, brilhando como pequenas gotas avermelhadas. Teresa sentiu um forte desejo de tocar suas costas. Aproximou-se e estendeu a mão. Nesse momento Alonso se virou:

– É preciso abrir o respiradouro do forno – disse.

Caminhou alguns passos. Quase esbarrou no forasteiro. Era mais alto que ele, o que já era descomunal, e usava uma grande capa negra que lhe caía dos ombros. O forasteiro saudou-o com um leve toque de dedos na aba do seu grande chapéu, enterrado até os olhos. Pediu um copo de vinho e bebeu, gole a gole, com o cotovelo apoiado no balcão de metal.

Teresa foi até o rio molhar uns sacos de estopa, e Alonso terminou de tirar as brasas do forno. O forasteiro não disse nada e foi embora.

Teresa e Alonso ficaram olhando sua majestosa figura de falcão, até se perder de vista na negra bruma do rio. Colocaram os pães e as tortas no forno. Alonso fechou a porta de ferro e cobriu-a com os grossos panos molhados. Então, sentou-se para fumar um cigarro. Ao seu lado, Teresa descascava batatas e as colocava num tacho.

– Eu vi o que ele trazia – disse Teresa, sem se mover.

– Trazia onde?

– No barco. Aproximei-me e vi. Não aguentava mais de curiosidade.

– Hum!

Alonso se levantou, abriu e fechou a porta do forno: os pães tinham crescido rapidamente e estavam assando bem.

– Ataúdes. Era o que trazia – disse Teresa. – Dois.

– Podiam ser latas de gasolina ou algo assim – disse Alonso.

– Não. Eram caixões de defunto. Eu vi bem.

– Estavam escondidos?

– Não, estavam à vista.

– Vazios?

– Não sei.

– Estavam.

– O quê?

– Vazios. Ainda estavam vazios.

– Quem sabe.

– Veio para matar – disse então Alonso, que tinha visto a ponta de um fuzil sob a capa.

– Quem será que ele vai matar?

Alonso deu de ombros, mas ele sabia.

– Ele vai esperar que comam e depois façam a sesta – disse.

2

O Lobo dormia mal. Respirava com dificuldades. Seus ossos e seus dentes doíam. Passava os dias deitado. Poderia caminhar e salvar-se, mas não queria; nenhuma voz tinha força suficiente para tirá-lo daquele estado. Às vezes, na gelada escuridão antes do amanhecer, fixava os olhos no teto, fumando, e viajava. Isso lhe trazia algum alívio, mas não ocorria com frequência. Despertando ao seu lado a Galega quase sempre o encontrava com os dentes apertados pelas secretas dores da memória ou do corpo.

Lobo tinha a cara escondida pela barba. Não fazia a barba porque sentia impulsos de quebrar o espelho a socos. Quanto tempo fazia que não ia pescar peixe-rei? As iscas apodreciam nas linhas. Quando tomaria a decisão de calafetar o bote? Se tomasse o sol do verão, no estado em que se encontrava a madeira, o bote não chegaria ao outono.

Naquela madrugada o Lobo ouviu um galo cantar: nenhum outro respondeu. Levantou-se, nervoso, para esquentar café e no chão da cozinha viu sua sombra sem cabeça.

Quando em pleno dia o céu escureceu, a Galega viu a tormenta aproximar-se. Antes, nos dias chuvosos, o Lobo assobiava. Somente nos dias de chuva sabia assobiar. Mas agora não assobiava nunca.

A Galega esquentou o guisado do jantar da noite anterior e serviu somente um copo de vinho. Os dois tomaram do mesmo copo e, no entanto, o Lobo não adivinhou o segredo dela. Ela tinha dito: "Tenho um segredo". Ele resmungou qualquer coisa, pediu mais vinho, não olhou e nem falou mais nada; depois foi caminhando até o ancoradouro. A Galega apertou as mãos, cravando-se as unhas, e sufocou a vontade de chorar. Queria que ele percebesse por si só, sem ter que dizer nada. A criançada da ilha andava ao seu redor, seguindo-a como galinhas, excitados, e isso era muito mais seguro que a menstruação que não vinha fazia dois meses. A Galega pensava que aquele era o melhor dia para que ele percebesse, porque há dez anos atrás, naquele mesmo dia, ela tinha ouvido sua voz pela primeira vez.

3

A Galega cozinhava num casarão cheio de coisas que valiam muito dinheiro. Era uma cozinheira de mão cheia e, por isso, lhe pagavam bem e não a obrigavam a levantar-se cedo. Ela punha o despertador para as sete horas, mas somente para ter o gostinho de continuar dormindo, quentinha debaixo das cobertas.

Como de costume, uma manhã se levantou para ir ao banheiro e topou com um cara mascarado que lhe encostou uma pistola no peito.

– O que é isso, homem? – disse, assim que pôde engolir saliva. – Desvia isso daí.

Discutiram.

– Espera um momento – dizia ela. – Eu não aguento mais. Foi por isso que levantei e não aguento mais. Espere um momento. Não estou aguentando, homem!

O homem disse que tinha que consultar o chefe. O chefe era mais alto e mais forte. Também tinha uma meia enfiada na cabeça. Ele disse que podia ir, mas com a porta aberta. Ela viu suas mãos, os dedos pálidos e ossudos segurando a arma e essa foi a primeira vez que ela recebeu, através dos dois buracos na meia, o fogo dos olhos dele. Quando entrou no banheiro já tinha perdido a vontade e ficou furiosa.

Depois, a amarraram e a jogaram no chão do quarto onde estavam os outros. Não havia jeito de fazê-la ficar calada.

Gritava:

– Levem tudo, malandros! Limpem tudo! E não esqueçam de passar a flanela!

Tiveram de amordaçá-la.

– Querem café? Servirei com cianureto!

Passaram-se os dias. Uma manhã, quando saiu para fazer compras, ela o encontrou encostado em um muro, numa esquina, fumando. Reconheceu-o pelas mãos, pelo fogo dos olhos e pela voz rouca que a convidou para um encontro no domingo à noite, em um café do centro. Ela o olhou, querendo odiá-lo e querendo dizer-lhe:

– Espere, que irei com a polícia.

Naquele domingo, fechou-se no seu quarto e não foi. A partir de então esteve lutando, dias e noites, contra a vontade de ir e encontrá-lo de novo.

O domingo da semana seguinte amanheceu ensolarado. A Galega saiu para caminhar. Andou pelos parques e quando anoiteceu suas pernas a levaram ao café só pela curiosidade de saber como era. Sentou-se e pediu um café grande. Pôs açúcar. Estava mexendo com a colherinha quando o viu em pé, à sua frente.

– Você demorou, hein? – disse ele.

Parecia que seus dentes estavam ficando moles.

– Acaba logo com isso – disse ele.

– Está quente – balbuciou ela.

Da primeira noite ela iria recordar, para sempre, o barulho dos sapatos caindo e a medalha de Santa Rita que no dia seguinte não estava mais em seu pescoço.

E ele disse a ela: "Ao seu lado, me sinto mais feliz que pobre quando tira a sorte grande", e ela era um carrapicho grudado para sempre no colo dele, e não havia nada que não fosse aplaudido, nada que não fosse perdoado.

4

Sentou-se junto ao Lobo. Suas pernas ficaram balançando no ancoradouro. A única coisa que nele se movia era o cigarro apagado, que ia de um canto para outro da boca. Tinha se levantado da mesa depois de ter provado uns bocados. Quanto tempo fazia que ele tinha perdido o prazer de desfrutar de uma refeição? Quanto tempo fazia que ela já não sentia vontade de preparar para ele frango à calabresa ou raviólis caseiros? Quanto tempo fazia que a vida perigosa e o dinheiro tinham terminado?

– Veja esta noite tão estranha – disse a Galega.

Colou-se a ele e agarrou em seu braço.

– Cheiro coisa feia, homem. Vem coisa ruim. Vamos embora daqui. O que estamos esperando?

O Lobo não respondeu. Então ela perguntou pelo Colt. Tinha revirado a casa e não tinha encontrado o revólver. Ele, com um puxão, se desvencilhou do seu braço.

– Já sei. Você o vendeu – disse a Galega.

Ele se levantou. Ela se pôs na sua frente.

– Você vai me contar – disse ela.

Ele a empurrou para o lado, e ela o perseguiu, aos tropeções, segurando-o pela camisa e golpeando-lhe o peito.

– Você está doente, Lobo. Está louco. O que estamos esperando? Que venham matar-nos? Eu já não posso viver assim. Porque eu, agora, eu... Quero que você saiba que...

Lobo cuspiu o cigarro e disse:

– Reze. Se quiser, ou lembrar.

Ela deu um passo para trás e seus olhos brilharam:

– Você já não tem grandeza nenhuma, nem para se gabar, Lobo.

Com a mão aberta, ele deu um tapa no rosto dela.

5

O riacho carregava uma água barrenta em direção ao rio aberto. A maré estava subindo.

O matador, escondido atrás dos juncos, estava com o dedo no gatilho do fuzil. Tinha amarrado seu barco na entrada de um canal e se aproximou, rodeando a ilha pelo lado de trás. Estava perto dos acossados. De onde estava, apesar de estar escuro e dos salgueiros, dava para ver bem os dois. Sempre pensara que matá-los de longe não teria graça. "Meu corpo é do tamanho do caixão desse homem", tinha pensado sempre, "e o corpo dele tem o tamanho do meu". Também sempre soube que era preciso matar a Galega, para que o Lobo morresse de verdade. Uma ou outra vez nas perseguições que o levaram a cidades e praias distantes, pensou que não seria má ideia amarrá-los cara a cara, levá-los para o barco e jogá-los no mar, para que tivessem o tempo suficiente de, atados um ao outro, odiarem-se até o fundo da alma antes que a sede queimasse suas gargantas. Mas decidiu-se pelas balas. Ia precisar de muita bala para acabar com as sete vidas que eles tinham.

Agora estava à mão. Era fácil.

Levantou o fuzil e o apoiou ao longo do rosto.

Então, ouviu a discussão.

Viu o Lobo dar o tapa e a Galega cair no chão. Viu quando o Lobo caiu de joelhos. O Lobo apertou a cabeça entre as mãos. O matador pensou ouvi-lo gemer. O Lobo passou a mão no rosto da Galega, pegou água do rio e molhou seu rosto. A Galega não reagia.

Mas o matador não matou. Passou anos perseguindo-os, mas não os matou. Talvez porque, junto com o momento da morte, chegou a revelação de que o castigo não está na morte, mas no mal que sua sombra faz; talvez porque tenha percebido que acossar era o que dava sentido a seus próprios dias de perseguidor.

Abaixou o fuzil.

6

Alonso cruzou com o barco que voltava. Na escuridão, ainda conseguiu ver os ataúdes. O forasteiro remava em pé, como na viagem de ida, sem pressa. Alonso deteve seu bote e esperou com os remos no ar. O forasteiro não voltou a cabeça.

"Não há nada que fazer", pensou Alonso. Mas seguiu viagem rio acima. Não demorou a ver a ilha aparecendo como um castelo de árvores na neblina negra: havia alguma coisa nela, uma luminosidade fantasmagórica, que gelava o sangue.

Alonso não escutou quando a Galega disse ao Lobo:

– Não voltarei. Não estou esquecendo nada aqui.

A Galega estava em pé no ancoradouro, com a mala ao lado, esperando. Sozinha.

– Está vivo? – perguntou Alonso.

– Sim – disse a Galega.

Alonso viu seu rosto machucado mas não perguntou nada mais. Colocou a mala no bote, e ela se sentou, de frente para a proa.

Os ventos raivosos do Sul

1

Quando a alegria de Rafa terminou, todo o povoado se deu conta. O sapateiro deixou de cantar. Na cantina não se ouvia nada além de murmúrios e zumbidos de moscas. Dizem que as gaivotas perderam a vontade de voar e que as vacas davam leite azedo e que até os cavalos andavam de cabeça baixa. Matías, o carroceiro, exagerava nas chicotadas, e o comissário disparava tiros para o ar perturbando a ordem pública imprescindível à hora da sesta. As redes dos pescadores voltavam vazias ao convés, como se alguma onda traiçoeira tivesse lhes arrancado a sorte. Para todos aqueles homens da costa sul, acossados pelas febres e pelos bichos assassinos e pelos sonhos maus, a alegria de Rafa era algo que fazia falta.

Rafa usava uma camisa de losangos negros e brancos. Gostava de subir até o mastro mais alto, dizem, e ficar sentado com as pernas cruzadas na cruzeta. Lá em cima recebia no rosto o vento salgado, sacudia as pernas, abria bem a boca para esperar o jorro de vinho do odre de couro: o vinho escorria pelo queixo, fazia cócegas em seu pescoço. Comia os peixes quase vivos, com um pouquinho de limão. Saudava os albatrozes que perseguiam o barco fazendo-lhes reverências de arlequim, varrendo o convés com a boina. Suas jornadas a bordo esvaíam-se em tragos e bocados, coplas e piruetas; trabalhar não trabalhava muito, mas ninguém se importava com isso.

Rafa gostava de tudo, e sobretudo gostava de desatar o riso nos outros. Sabia que cada um tem um riso preso em alguma parte do corpo. Penso que poderia ter sido um desses cômicos saltimbancos ou um violeiro e cantador se tivesse um ofício e um destino de terra firme. Quer dizer: se tivesse nascido de um repolho e não do ventre da mulher do Capitão.

Assim era Rafa, o marinheiro, ou assim dizem que foi, até que sua alegria se acabou.

2

Rafa tinha sido criado junto com Luciano. Mas Luciano não era filho do Capitão. O Capitão o tinha encontrado adormecido no porão do barco, nos tempos em que corria os sete mares num pesqueiro grande e Luciano era pequeninho e vagabundo e não se chamava Luciano mas sim Mostarda. Onde comem sete comem oito, pensou o Capitão, que sempre contava o cachorro e os dois porcos como sendo de casa, e quando o barco chegou ao sul Luciano já tinha ganhado um teto. Até então havia dormido nos mercados ou nos quiosques vazios ou embaixo das arquibancadas dos estádios. Andava abandonado, batendo perna pelas ruas da Cidade Grande, e se chamava Mostarda porque era metade loiro e metade negro. Ele não era de lá. Tinham-no jogado do outro lado do rio, mas ele não era de lá. Desde que aprendeu a caminhar, Mostarda soube se virar: comia quando dava, ia levando. Não sabia assinar o nome mas sabia fumar, e nunca lhe faltou dinheiro para o cigarro: pedia para o leite dos irmãozinhos e sempre havia alguém que caía no seu conto. Uma noite suas pernas o levaram até os molhes. Escolheu o barco pela cor. Deslizou para dentro dele, e ninguém o viu.

Luciano não chamava o Capitão de papai. Chamava-o de Capitão. Nunca esqueceu quem era o seu pai. Tinham estado muito juntos, sempre, ele e o pai, e estavam juntos quando abriram o fígado de seu pai com uma punhalada.

Anos depois, Luciano chegou a dizer que seu pai tinha morrido de um ataque do fígado, o que de certo modo era verdade, ainda que ele nunca falasse sobre o pai nem sobre nada mais. Em algumas noites batia a cabeça contra a parede, desesperado pela necessidade de dormir, e fugia e se perdia no mato. Somente Rafa era capaz de encontrá-lo. Rafa era o único que conhecia os lugares e as palavras.

Não tinham nascido irmãos, mas se tornaram irmãos. Foram piratas, enterraram tesouros nas ilhas, perseguiram a baleia branca em alto mar. No mato caçaram jiboias e elefantes, lagartixas e mariposas; viajaram em lombo de crocodilo, acenderam fogueiras na beira do arroio, fumaram o cachimbo da paz com os índios. Tiveram máscaras e espadas, cavalos de verdade. Dividiram esconderijos e senhas; e uma tarde, embaixo da árvore solitária que erguia sua copa rubra no centro do bosque, cada um deles abriu um talho na palma da mão direita e assim misturaram seus sangues.

E cresceram. Já moços se tornaram pescadores, incorporaram-se à tripulação do Capitão. Um era bom em falar e cantar e jogar; o outro em encarar o trabalho e lutar e calar.

3

No fim do verão, a garota chegou ao povoado. Tinha ido para ensinar o que fosse possível naquela escolinha tomada pela umidade e coberta de mato.

4

Os três saíam a passear. Rafa a divertia com piadas e demonstrações de saltimbanco. Luciano galopava de pé sobre os potros ou se deixava tragar pelas ondas nos dias de maré brava. A Rafa a garota devolvia risadas enamoradas, mas quando seu olhar se encontrava com o de Luciano ela sentia ser uma folhinha e ele, o vento.

Uma noite, Rafa saiu do barco com um enorme caracol de nácar e chegou ofegante à porta da escola. Ela colocou o caracol na cabeceira da cama, junto à estrela do mar que Luciano tinha lhe dado de presente no dia anterior.

5

Afinal decidiram jogar os dados para ver quem ficava com ela. Formou-se uma roda de marinheiros e os dados rodaram sobre o convés. Ganhou Rafa, que ganhava sempre. Mas ela preferiu Luciano, que sempre perdia. E foi aí que começou a aflição geral.

Agora o mudo era Rafa. Bebia sozinho, evitava os amigos. Ninguém reconhecia o homem que, antes, por sua mera presença, proibia a tristeza.

Quando o cachorro de Luciano apareceu degolado, ele preferiu suspeitar dos vizinhos.

6

Era inverno, uma noite ou madrugada, e ela dormia.

Inicialmente não despertou, mas sentiu que Luciano se metia debaixo dos cobertores e se apertava, nu, contra seu corpo. Ainda adormecida, sentiu a tepidez e o abraço e a invasão.

E então, súbito, despertou. Um alarme, nascido não sei de onde, abriu-lhe os olhos e a gelou de espanto. Conseguiu soltar-se, jogar-se para o lado: riscou um fósforo, um grito tomou-lhe a garganta. À luz da chama conseguiu enxergar o susto nos olhos de Rafa. Ele escondeu o rosto entre as mãos.

Assim é que alguns contam essa história, e dizem que então Rafa fugiu a toda velocidade e que correu durante o resto da noite e boa parte do dia e que afinal apareceu caído na praça, de bruços, bêbado, com o nariz enterrado em seu próprio vômito.

Outros dizem que Rafa não foi trabalhar porque adormeceu na casa da garota, e que o viram sair assobiando e dando pulos de leão.

Uns dizem que não conseguiu fazer o que queria. Outros, que aquele abraço marcou a garota para sempre.

O certo é que de manhã não estava ali, porque Luciano passou pela escola ao amanhecer, antes de ir ao barco, e foi então que ela lhe contou. Não quis dizer a ele quem fora.

– Não preciso. Já sei.

Imagino que Luciano pode tê-la sacudido pelos ombros, pode ter lhe dito:

– Me diz que te deu nojo. Me diz que não sentiste nada além de nojo.

E então bateu nela. Dizem.

7

O pesqueiro partiu sem Rafa. O Capitão também não estava. O Capitão estava com uma ferida horrível no braço direito. O barco não se afastou muito da costa; a cerração devolveu-o ao entardecer.

Talvez Luciano tenha chegado a bordo pensando em Rafa, querendo encontrá-lo; talvez tenha desejado navegar para não pensar em Rafa nem em nada, porque havia aprendido a acreditar que o mar é um lugar mais perigoso que uma cama ou um campo de batalha.

Sabe-se que aquela foi a única vez que Luciano ficou mareado. Andou encurvado, segurando a barriga, boa parte da viagem.

Também se sabe que num dos tresmalhos chegou, enredado entre os escassos tubarões, um peixe estranho e muito bonito. Tinha escamas acobreadas e grandes barbatanas e uma cauda de gaze longa e ondulante. Estava vivo e lutou; morreu abrindo bem a boca. Os outros pescadores disseram que era um peixe guerreiro, que tinha vindo de mares distantes e que sua carne era saborosa, branca, sem espinhas. Era a vez de Luciano ficar com ele. Ele não o quis.

Luciano sentia um chumbo nas pernas e uma tesoura no ventre. Pensava: "Então era isso. Tudo termina assim. E agora, o quê?". E pensava: "Então era isso. Hay una nuca para cada cara y toda carta tiene contra y toda contra se da".* Trabalhava com obstinação cega, caindo de tanto enjoo, manejando com fúria o arpão e o garrote. Aquele estado de graça tinha sido uma coisinha de nada: o mais importante era mais leve que o ar. Cuidado: a gente sopra e a coisa se vai. Ao lado dessa mulher, em qualquer cama de cachorro ele tinha sido rei, filho de reis; sentia o fim disso como um pedaço de morte que lhe chegasse adiantado.

8

Enquanto isso, o Capitão cevava o mate sentado em frente à janela que dava para o mar, olhava para o braço dolorido e reclamava. Naquela época a casa do Capitão tinha um aspecto melhor do que agora. Com o passar dos anos, ele foi ficando sozinho e a casa foi se desmoronando e ele não moveu um dedo para reerguê-la; deixou que fosse invadida pelos bichos e pelos dejetos. Para um homem velho e só, um pedaço de teto é suficiente; e ele nunca sentiu como verdadeiramente sua nenhuma coisa de terra firme. Mas, naquele tempo, o Capitão não estava só.

Rafa acordou e fumou. Ficou sentado na cama, de braços cruzados, com o olhar fixo no chão. Quis rezar. Não lembrava.

Ao sair, cruzou com o olhar do Capitão. Muitas vezes tinha ouvido ele dizer:

– As ondas bravas têm que ser quebradas de frente. De lado, elas te fazem virar.

Rafa disse:

– Tenho medo.

O Capitão não perguntou por quê. O Capitão tinha resolvido esperar em silêncio que a tristeza passasse. Agora bem podia esperar que passasse o medo.

9

Luciano o viu de longe, apesar da névoa que atravessava, aos pedaços, o ar gelado da tarde.

Rafa o esperava na praia. Tinha o torso nu, as pernas abertas, as mãos na cintura.

Quando Luciano desembarcou, trazia o arpão na mão direita. Rafa viu o afiado ferro negro que o vinha buscando e desfazendo a névoa, mas não se moveu. Luciano chegou caminhando lentamente. Os dois homens ficaram cara a cara, separados pelo arpão, e a neblina se insinuava e se enroscava em seus corpos. Luciano disse:

– Me pede perdão.

E pensou que Rafa pensava: "Tu só tens que afundá-lo, filho da puta". Rafa não abriu a boca, nem piscou. Mas Luciano acreditou ouvir:

– Não foi por causa do frio que me enfiei naquela cama. Ela não me convidou. Mas também não me pôs para fora.

No verão, o Sol nasce no mar e no mar se esconde; no inverno, sai da terra e nela se esconde. Aquela tarde, o Sol era um resplendor branco liquefeito pela névoa e estava caindo atrás do arroio, sem pressa, atrás de Rafa. A noite ainda não havia vencido essa luz leitosa quando Rafa abriu os braços e fechou os olhos e o arpão saiu-lhe pelas costas. Luciano sentiu o choque da carne em seu punho e durante uns instantes manteve no ar o corpo de Rafa. De repente soltou o arpão e se lançou a correr, enquanto Rafa caía na areia molhada por seu sangue.

Luciano foi perseguido.

10

Subiu no carvalho de um salto. Escondeu-se na copa; esperou que os perseguidores passassem.

E continuou correndo. Retrocedeu, fez um rodeio, atravessou o pinheiral; subiu até as dunas altas. Chegou, sem fôlego, em casa. O Capitão estava de pé à porta. Escutavam-se ruídos de matilhas, estrépitos como de tambores se aproximando.

– Me salva – rogou Luciano.

Jogou-se de costas, ofegante, contra a parede.

O Capitão apontou para o poço.

11

Os homens não demoraram.

– Não o viu? – perguntavam. – Tem certeza?

– Tem que ter passado por aqui – diziam.

– Não viu nada? Não ouviu nada, Capitão?

Tinham facas e punhos cerrados.

No fundo do poço, com água até a cintura, Luciano escutava.

– O senhor sabe o que ele fez? – perguntaram as vozes.

– Está sabendo?

– Ele matou o seu filho, Capitão – disseram.

– Acaba de matá-lo.

– Ainda está certo de que não o viu por aqui?

– Não o viu mesmo, Capitão?

Depois houve silêncio. Luciano contava os segundos. Sentia o coração galopando no peito.

Depois de um tempo, o Capitão sacudiu a corda. Luciano subiu no balde e se agarrou com força à corda. Apoiado na roldana com o braço esquerdo, o Capitão o fez subir.

Luciano não olhou para ele.

– É verdade? – perguntou o Capitão.

– O quê?

– Isso. O que disseram.

– Sim – disse Luciano.

Suponho que então Luciano se deu conta de que estava vazio. Não lhe sobrava nada que valesse a pena guardar.

O Capitão se sentou. Franziu o cenho. Massageou o ombro do braço ferido. Tirou tabaco da bolsinha de couro. Cuspiu. Depois perguntou, ou se perguntou:

– E agora?

12

Conheço esta história pelos que vivem lá e pelos que vão e vêm. Todos a conhecem. Mas existem tantas histórias quanto vozes para contá-las.

Alguns dizem que então o Capitão colocou uma pistola nas mãos de Luciano. Uma pistola Browning, com a trava solta e uma bala na câmara.

Acredito no que dizem outros: que o Capitão ficou imóvel. Mas sem dúvida soube que Luciano ia em busca da pistola quando se meteu casa adentro, e essa foi uma maneira de dar a ele a pistola.

Ficou imóvel quando o viu sair, em direção ao monte.

Não o chamou.

Soube que logo ouviria o estampido, mas não se mexeu nem o chamou.

Acredito que falava disso quando me contou, anos depois, que havia algo que ele não podia se perdoar. O Capitão nunca me contou a história de Rafa e Luciano e da garota que chegou ao povoado no outono. Mas creio que falava disso. Estávamos bebendo gim, aquela noite, nos fundos de sua casa em ruínas, e à luz da lanterna vi que os músculos de seu rosto se contraíam. Esperei, não falei nada. Não quis olhar para a única lágrima que havia brotado e escorria devagar pelo rosto do Capitão.

O resto é mentira

(a Pedro Saad)

1

– Vou no domingo – digo. – Há um voo direto para Barcelona.

– Não – diz Pedro.

– Não?

– No domingo você irá, iremos, a Guaiaquil. E dali....

Dou uma risada.

– Escuta – diz Pedro, e eu:

– Não posso ficar mais nenhum dia. Tenho que...

– Você vai me escutar?

2

Quando comento com Alejandra a mudança dos planos, ela diz:

– Então você vai ver Adão e Eva.

Fuma e diz:

– Eu quero morrer assim.

3

Na península de Santa Elena, que se chamava Zumpa, o tempo é quase sempre cinzento. Não longe daqui, mais ao norte, o mundo se parte em dois, de uma só vez. Aqui o tempo se parte. Metade do ano é sol e a outra metade é cinza.

Caminhamos pela terra empoeirada. Pedro me explica que há milhares de anos o mar vinha até estas terras. Basta escavar um pouco e aparecem conchas do mar. Os ventos do sul deixaram a península árida. Os ventos e o petróleo que se descobriu por aqui. Também as cozinhas de Guaiaquil, porque os bosques de *guayacán* foram parar nos seus fogões e, não faz muito tempo, meio século apenas, cobriam este deserto e serviam para fazer a oferenda de incenso de pau-santo aos deuses. Da vegetação sobrou apenas este mato baixo, arbustos cheios de espinhos que servem para espetá-lo e para que você fique entre estas máquinas que procuram petróleo – e o resto é uma imensidão de pó e nada mais.

4

– É aqui – diz Pedro, e levanta a tampa de madeira. Estão quase à flor da terra, metidos em dois num pequeno buraco.

Olhamos em silêncio, e o tempo passa.

Estão abraçados. Ele, de boca para baixo. Um braço e uma perna dela debaixo dele. Uma mão dele sobre o púbis dela. A perna dele a cobre.

Uma grande pedra achata a cabeça do homem e outra, o coração da mulher. Há uma pedra grande sobre o sexo dela e outra sobre o sexo dele.

Olho a cabeça da mulher apoiada ou refugiada nele, sorrindo, e comento que tem a cara luminosa, cara de beijo.

– Cara de espanto – contradiz Pedro. – Ela viu os assassinos e ergueu o braço. Foram mortos com essas pedras.

Olho o braço levantado. A mão protegeu os olhos de alguma súbita ameaça ou mau sonho, enquanto o resto do corpo seguia dormindo, enroscado no corpo dele.

– Está vendo? – diz Pedro. – Quebraram a cabeça dele com esta pedra.

Mostra-me a teia de aranha na rachadura do crânio do homem e diz:

– Pedras grandes como essas não são encontradas por aqui. Trouxeram de longe para matá-los. Quem sabe de onde as trouxeram?

Estão abraçados há milhares de anos. Os arqueólogos dizem oito mil anos. Antes do tempo dos pastores e dos lavradores. Dizem que a argila impermeável da península conservou os seus ossos intactos.

Ficamos olhando e passa o tempo. Sinto o sol brilhando entre o céu sem cor e a terra quente e sinto que esta península de Zumpa ama os seus amantes e que por isso soube guardá-los em seu ventre e não os comeu.

E sinto outras coisas que não entendo e que me deixam tonto.

5

Estou tonto e nu.

– Eles crescem – digo.

– É só o começo. Espera e verá – adverte Pedro, enquanto o carro se dirige para a costa entre nuvens de pó.

E eu sei que me perseguirão.

Magdalena os viu e gritou quando ia embora.

6

– Foram descobertos por uma mulher – diz Pedro. – Uma arqueóloga chamada Karen. Estão tal qual ela os encontrou há dois anos e meio.

Espero que não venham despertá-los. Faz oito mil anos que dormem juntos.

– Que farão aqui? Um museu?

– Algo assim – sorri Pedro. – Um museu... por que não um templo?

Penso: "Sua casa é esse buraquinho e ficou invulnerável. Quantas noites cabem dentro de uma noite tão longa?"

Estremeço, pressentindo o supershow dos amantes de Zumpa nas mãos dos *tour operators,* uma experiência inesquecível, um tesouro da arqueologia mundial, câmeras e filmadoras escoltadas por enxames de turistas compradores de emoções. Penso no belo corpo que eles formam no longo abraço dos anos e nos tantos olhos sujos que não os merecerão. Logo em seguida, acuso-me de egoísta e um pouco de vergonha me sobe na cara.

7

Comemos no litoral, na casa de Júlio. Servem um bom vinho, que aparece na mesa como milagre; sei que o peixe está saboroso e que a conversa vale a pena, mas estou ali como se não estivesse. Uma parte de mim bebe, come e escuta, e de vez em quando diz algo, enquanto a outra parte anda vagando pelos ares e fica imóvel frente ao pássaro que nos observa através da janela. Todo meio-dia esse passarinho vem, pousa num galhinho e observa enquanto dura o almoço.

Depois me estendo numa rede ou me deixo cair nela. O mar canta baixinho para mim. Eu abro você, eu descubro você, eu faço você nascer, canta-me o mar, ou por sua boca sussurram aqueles dois que vêm antes da história e o inauguram. As ramagens atravessadas pela brisa repetem a melodia. Antigos ares, que tão bem conheço, me recolhem, me envolvem e me embalam. Festa e perigo num eterno desenrolar...

– Levanta, dorminhoco!

Coloco as mãos frente aos olhos para protegê-los.

A súbita voz de Pedro devolve-me ao mundo.

8

– Não – diz Karen. – Não os mataram. As pedras foram colocadas posteriormente.

Pedro insinua um protesto.

– As pedras teriam rolado – insiste a arqueóloga. – Se elas tivessem sido jogadas, teriam rolado. Elas estariam nos lados e não em cima. Estão cuidadosamente colocadas sobre os corpos.

– Mas... e essa parte do crânio quebrada?

– É muito posterior. Quem sabe algum carro ou caminhão estacionou sobre eles. Quando os descobrimos, estavam assim, a um palmo da superfície. Somente ossos muito antigos podem quebrar-se como louça.

Pedro a olha, desarmado. Eu queria perguntar-lhe o que sentiu quando os descobriu, mas fico como um bobo e não pergunto nada.

– As pedras foram colocadas quando os enterraram, para protegê-los – continuou Karen. – Neste lugar encontramos um cemitério. Havia muitos esqueletos e não apenas os dos... dos...

– Amantes – digo.

– Amantes? – diz. – Sim, é assim que os chamam. Os amantes de Zumpa. É um nome simpático.

– Mas encontraram também restos de casas – diz Pedro.

– E de comida: conchas de mariscos, ostras. Talvez enterrassem os mortos em suas casas, como outras tribos que...

– Talvez – admite Karen. – Não é muito o que sabemos.

– Ou pode haver uma diferença no tempo, não é? Uma diferença de milhares de anos entre o cemitério e as casas. Os amantes podem ser muito posteriores ou anteriores aos demais esqueletos.

– Talvez – diz Karen –, mas duvido.

Ela nos serve café, enquanto seus filhos correm atrás de um cachorro, e nos explica que não é possível remover esses ossos depois de tanto tempo.

– Não tocamos neles – diz – para não despedaçar tudo. Que eu saiba, é a primeira vez que descobrem um casal enterrado assim. A descoberta pode ter certo valor científico. Vieram os ossólogos, como os chamam por aqui. Eles confirmaram que se trata de um homem e uma mulher e que eram jovens quando morreram. Tinham entre vinte e vinte e cinco anos. Os... ossólogos dizem que os esqueletos correspondem todos ao mesmo período.

– E o carbono catorze? – pergunta Júlio. – Fizeram essas provas.

– Enviamos aos Estados Unidos outros ossos do mesmo cemitério. O carbono catorze retificado revelou uma antiguidade de seis a oito mil anos. Com os ossos dos... amantes não é possível uma análise. Só enviamos um dente que arrancamos do homem. O laboratório analisou-o. Termoluminescência, os senhores sabem. A resposta não serve para nada. Dá uma antiguidade de seis a onze mil anos. Se soubéssemos, teríamos deixado o dente em paz.

Pedro esperava esta oportunidade.

– Suponhamos – diz, triunfal – que dentro de muito, muito tempo, os técnicos analisassem com os mesmos métodos os restos de nossa civilização. Encontrariam maços de Marlboro no Coliseu de Roma.

Karen, sentindo até onde ia a conversa, dá uma boa risada franca e depois, na segunda xícara de café, adverte-nos:

– Eu não sei se vocês vão gostar do que eu vou dizer.

Olha para nós três, medindo-nos sem pressa e baixando a voz, como quem dita uma sentença secreta, explica:

– Eles não morreram abraçados. Foram enterrados assim. O motivo, não se sabe. Nunca ninguém saberá por que os enterraram assim. Talvez porque fossem marido e mulher, mas isso não basta. Por que não os enterraram como a outros casais? Não se sabe. Talvez tenham morrido ao mesmo tempo. Não há sinais de violência nos ossos. Talvez tenham se afogado. Estavam pescando e afogaram-se. Talvez. Por algum motivo, que nunca saberemos, os enterraram abraçados. Não morreram assim, nem os mataram. Nós os encontramos em sua tumba, não em sua casa.

Vamos caminhando pelo areal, enquanto a noite cai. O mar brilha além das dunas.

– Os cientistas afirmam – diz Pedro – que há milhares de anos não poderia haver amantes num grupo de pescadores seminômades, que não conheciam a propriedade e... Eu acho que *hoje* é que não há lugar para eles.

Continuamos calados, os três, olhando a areia.

Eu penso na sua grandeza, tão pequenininhos, como nós, e no seu mistério. Mais misterioso que o grande pássaro de Nazca, penso. Como símbolo, fez mais parte de mim do que a cruz, penso. E vou pensando: monumento mais da América do que a fortaleza de Machu Picchu ou as pirâmides do sol e da lua.

– Alguma vez vocês viram alguém que tivesse morrido afogado? – pergunta Júlio.

E segue:

– Eu já. Os afogados ficam contraídos, com o corpo na posição de... horror, e quando os tiram da água estão mais rígidos do que madeira. Se tivessem morrido afogados, ninguém conseguiria abraçá-los como estão.

– E se não tivessem se afogado? Havia outras maneiras de morrer.

– Eu também não acredito – diz-me Júlio. – Os mortos se endurecem rápido. Eu não sei... – vacila. – Karen sabe. Ela sabe, mas... Não sei. Não creio que... Estão numa posição tão natural. Ninguém teria sido capaz de enterrá-los assim. O abraço é tão verdadeiro... Não é mesmo?

– Eu acredito neles – digo.

– Em quem?

– Neles – digo.

9

Malditos amantes de Zumpa que não me deixam dormir.

Levanto-me no meio da noite. Vou para a sacada, respiro fundo, abro os braços.

E os vejo, traídos pela lua, em algum ponto do ar ou da paisagem. Vejo os homens nus que se arrastam em silêncio pelo mangue e atacam armados de punhais de pedra negra ou ossos afiados de tubarão. Vejo o sobressalto dela e o sangue. Depois vejo os verdugos colocando sobre os corpos as pesadas pedras que trouxeram de longe. Os primeiros agentes da ordem ou os primeiros sacerdotes de um deus inimigo colocam uma pedra sobre a cabeça dele, outra sobre o coração dela e uma pedra sobre cada sexo, para impedir a saída dessa fumacinha que baila no ar, fumacinha inebriante, fumacinha de loucura que põe o mundo em perigo – e sorrio, sabendo que não há pedra que possa com ela.

10

Na manhã seguinte, a volta.

A vegetação cresce à medida que me distancio do deserto, e no ar vem chegando o cheiro do verde ao entrar no luminoso mundo molhado de Guaiaquil. Acompanham-me, para sempre, aqueles que melhor morreram.

IMPRESSÃO:
PALLOTTI
GRÁFICA
Santa Maria - RS | Fone: (55) 3220.4500
www.graficapallotti.com.br